经济管理学术文库·经济类

黔东南州卷烟消费市场研究

Study on cigarette consumption market in
Qiandongnan Prefecture

肖正中　胡艳琼　谭　建／著

经济管理出版社
ECONOMY & MANAGEMENT PUBLISHING HOUSE

图书在版编目（CIP）数据

黔东南州卷烟消费市场研究/肖正中，胡艳琼，谭建著. —北京：经济管理出版社，2017.12
ISBN 978-7-5096-5510-8

Ⅰ.①黔… Ⅱ.①肖… ②胡… ③谭… Ⅲ.①卷烟—消费市场—研究—黔东南苗族侗族自治州
Ⅳ.①F426.89

中国版本图书馆 CIP 数据核字（2017）第 278956 号

组稿编辑：杨国强
责任编辑：杨国强　张瑞军
责任印制：黄章平
责任校对：陈　颖

出版发行：经济管理出版社
　　　　　（北京市海淀区北蜂窝 8 号中雅大厦 A 座 11 层 100038）
网　　址：www. E-mp. com. cn
电　　话：(010) 51915602
印　　刷：玉田县昊达印刷有限公司
经　　销：新华书店
开　　本：720mm×1000mm/16
印　　张：16
字　　数：260 千字
版　　次：2017 年 12 月第 1 版　　2017 年 12 月第 1 次印刷
书　　号：ISBN 978-7-5096-5510-8
定　　价：68.00 元

前　言

　　本书以卷烟消费特征、零售终端特性、卷烟销售特点及社会经济发展状况四个方面的分析为基础，以"卷烟市场营销上水平"为导向，研究黔东南州卷烟消费影响因素及其市场发展新趋势，以期为黔东南州卷烟市场持续稳定协调健康发展提供新的思路与方法。

　　该书不仅凝聚了课题组成员的辛劳，更积淀着黔东南州烟草公司众多同事的心血。贵州省烟草专卖局（公司）副局长任林对作者相关的研究工作给予了大力帮助，黔东南州公司经理陈熹对于卷烟市场的研究工作高度重视，计划部门邓宝义、信息中心宋人文在写作过程中给予具体支持，在此一并致以衷心的感谢。

目　录

第一章　绪　论

一、引　言

随着我国社会主义市场经济的深化和发展，以及加入 WTO 后带来的更为激烈的市场竞争，我国烟草行业发展面临更多的机遇和挑战。党的十六届四中全会明确提出了要树立科学发展观和构建和谐社会的指导思想。国家审时度势，倡导形成"国家利益、消费者利益至上"共同价值观，正是结合行业特点落实十六届四中全会精神的重要举措，是指导行业文化建设、构建和谐烟草的重要方针。在国家烟草专卖局"以市场为取向改革"的精神指引下，全行业围绕"深化改革、推动重组、走向联合、共同发展"的工作任务，实施"大品牌、大企业、大市场"战略，全国烟草的生产、销售和消费环节都正经历着深刻的变化。我们应该深刻认识到，加强对卷烟市场建设的认识，提高市场控制力和服务消费者的水平，维护消费者的利益，是国家赋予行业的责任。贵州省烟草专卖局（公司）局长高体仁在 2017 年贵州省全省烟草商业工作会议上的讲话强调：凝心聚力，更加扎实有效精耕卷烟营销。捕捉市场信息，把握市场脉搏，研究市场经济环境下的消费者行为，越来越成为各项工作开展的重要基础。因此，有必要加强对卷烟消费市场和卷烟消费者的调查和研究，为制定、调整烟草行业发展政策，提高客户服务能力和市场控制能力，实现行业持续稳定协调健康发展，维护国家和消费者利益，建设和谐烟草，提供有益的探索。

本书以"卷烟上水平"为导向，从卷烟消费特征、零售终端特性、卷烟销售特点及社会经济发展状况四个方面的分析为基础，研究黔东南地区的卷烟消费影响因素及其市场发展趋势，以期为制定、调整烟草行业发展政策，提高客户服务能力和市场控制能力，建设和谐烟草提供有益的探索。

二、市场调研实施方案

（一）调查目的

本次卷烟消费市场调研将从卷烟消费者的角度对黔东南州卷烟市场进行市场调查和分析，从"因素"、"状态"、"趋势"、"容量"四个角度，研究黔东南州城乡卷烟消费的不同模式，全面了解黔东南州卷烟消费容量和趋势、影响卷烟消费的主要因素及各自的影响程度，预测消费需求变化倾向，把握卷烟长期消费需求和短期消费需求，为黔东南州烟草管理和经营机构判断卷烟消费市场未来发展及趋势，结合贵州大数据战略，运用网络整合营销制定营销战略提供准确的市场信息和客观决策依据，为科学决策打下坚实的基础。

（二）调查方式

黔东南州卷烟消费市场调查主要采用街头随机拦截访问、问卷调查的调查方法，主要用于对卷烟消费者的专题市场调查；采用入户访问、问卷调查的调查方法，主要用于对卷烟零售户的专题市场调查；资料调查，主要是宏观市场环境信息和近年卷烟销售数据的收集。

（三）调查范围

黔东南州 16 个县市的卷烟消费者。

（四）调查对象

受访者是 18~70 岁的卷烟消费者。

（五）调查主要内容

1. 消费者特征

消费者特征调查内容包括个体特征及所处家庭特征：个体特征包括卷烟消费者地域、年龄、性别、类型、职业、受教育程度、收入及烟龄；家庭特征包括家庭人数、家庭吸烟人数。

2. 消费者品牌选择行为

消费者品牌选择行为调查内容包括品牌选择、品牌更换看法、品牌更换因素、购买新品因素及对细支烟的态度。

3. 消费者购买行为

消费者购买行为调查内容包括购买卷烟考虑的因素、购买卷烟的场所及购买频率。

4. 消费者吸食行为

消费者吸食行为包括消费者吸烟目的、经常吸烟场所、吸烟每月支出及价位、每天吸烟量和偏好卷烟的焦油含量。

5. 消费者控烟行为

消费者控烟行为包括控烟宣传对消费的影响及在控烟宣传时消费者个人主动戒烟意向行为。

具体问卷内容如附件一所示。

三、研究实施方案

根据研究内容，具体实施方案如图 1-1 所示。

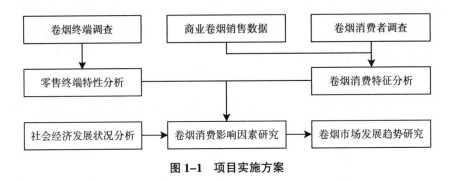

图 1-1　项目实施方案

第二章 黔东南州卷烟消费者调查分析

一、消费者调查问卷数据质量分析

黔东南州卷烟消费者调查涉及该州 16 个县市共计 1510 份问卷，单项选择 28 个问题共 42280 条数据，除 349 份调查者所处商圈不明确外，其他缺失 13 条数据，缺失率为 0.031%；多项选择 5 个问题共 7550 条数据，缺失 4 条数据，缺失率为 0.053%。

由于录入过程中难免出现数据录入错误，这些错误会影响后期问卷分析，因此在分析前需要识别出这些问题数据并进行相应处理。本章主要对录入的异常值、录入的重复记录及逻辑错误进行数据质量校验。

（一）异常值

通过对数据初步描述性统计分析，发现存在如下错误，如问题 3 "你的居住地"的选项中共 2 个选项，但数据中出现选项 3；问题 6 "您的月均收入"共 5 个选项，却出现选项 10 。类似的问题还有"您购买卷烟最主要考虑因素"出现选项 18，"您对更换卷烟品牌的看法"出现选项 12，"您平均每天吸烟数量"出现选项 6 和选项 7。具体异常值所在地区如表 2-1 所示。

表 2-1 各地区异常值频率

地区	岑巩	天柱	台江	黎平	榕江	从江	合计
频率	3	4	2	1	1	2	13

（二）重复记录

由于调查问卷可能由于收集分发环节的失误，造成有些问卷被重复录入，在排除异常值的情况下，针对所有调查问题数据，找出重复个案，在重复个案中保留1个个案，还有81个个案予以排除，具体结果如表2-2所示。

表2-2 各地区重复个案频率

地区	凯里	岑巩	天柱	锦屏	黎平	从江	麻江	剑河	合计
频率	15	8	18	11	18	7	1	3	81

（三）逻辑校验

在问卷中，"您的年龄"选项"25岁及以下"与"您的烟龄"选项"20岁以上"不应同时选择，第28个问题"您家庭现有人数"的选项应不小于第29个问题"您家庭吸烟人数"的选项。若不符合该规则，视为逻辑错误。逻辑错误统计如表2-3所示。

表2-3 各地区逻辑错误频率

地区	凯里	黄平	镇远	天柱	黎平	榕江	从江	丹寨	合计
频率	3	5	5	4	2	2	3	2	26

（四）信度分析

信度是指调查的可信程度，主要表现调查结果的一贯性、一致性、再现性和稳定性。信度只受随机误差影响，随机误差越大，调查的信度越低，故信度也可视为调查结果受随机误差影响的程度。删除异常值、重复记录和逻辑校验后，通过对问卷数据的信度分析，得到总量表的标准化信度系数是0.785（最理想的情况是1），如表2-4所示，表明该量表的信度较高。

表2-4 总量表信度系数

Cronbach's α	基于标准化项的 Cronbach's α	项数
0.656	0.785	43

（五）问卷总结

本次问卷共调查 1510 位卷烟消费者，其中 120 位消费者调查数据无效，1390 位消费者数据有效，有效率为 92.05%，总量表的标准化信度系数是 0.785，根据抽样调查的数量要求，排除这些数据后仍满足数量要求。消费者调查分析将基于有效数据。

二、消费者调查抽样分布概况

本次抽样共调查 1510 位卷烟消费者，其中 1390 位消费者数据有效，包括黔东南州下辖的 16 个县市和成年人 18 岁以上的各年龄段。各县市抽样调查数量与各地人口数量呈正相关，其中凯里市抽样调查数量最多，台江抽样调查数量最少，具体如表 2-5 所示。

表 2-5　黔东南州各地区抽样数量分布

地区	凯里	黄平	施秉	三穗	镇远	岑巩	天柱	锦屏	台江	黎平	榕江	从江	雷山	麻江	丹寨	剑河	合计
频率（位）	189	109	61	68	81	58	87	57	46	149	122	114	51	70	53	75	1390
百分比（%）	13.6	7.8	4.4	4.9	5.8	4.2	6.3	4.1	3.3	10.7	8.8	8.2	3.7	5.0	3.8	5.4	100

从商圈分布看，有 36.5% 消费者处于住宅区，其所占抽样总体比例最大；有 5.1% 消费者处于工业区，其所占抽样总体比例最小。313 位农村调查消费者所处商圈不明确。具体如图 2-1 所示。

从消费者类型看，乡村消费者抽样调查 892 位，占抽样总体的 64.2%；城镇消费者抽样调查 498 位，占抽样总体的 35.8%。

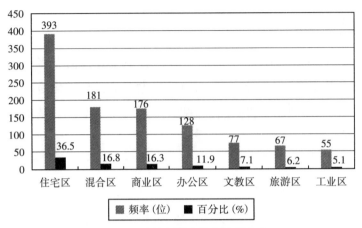

图 2-1 不同商圈消费者抽样分布

三、卷烟消费者特征分析

卷烟消费者特征主要从个体特征及所处家庭特征两个方面进行了调查个体特征包括年龄、性别、学历、职业、月收入、未来预期收入及生活压力；家庭特征包括家庭人数、家庭吸烟人数。

从年龄段抽样数量来看，卷烟消费者数量最多的年龄段为 36~45 岁，占抽样总体的 35.4%；最少的年龄段为 65 岁以上，占抽样总体的 2.6%。根据图 2-2 可以看出，年龄段抽样近似服从正态分布。由于总体方差与均值未知，因此根据 Kolmogorov-Smirnov 检验，得到显著水平值 Sig.=0.200＞0.05，所以接受数据的正态分布的假设，如表 2-6 所示。正态分布表明抽样数据的合理性。

表 2-6 正态分布 Kolmogorov-Smirnov 检验

	Kolmogorov-Smirnov		
	统计量	df	Sig.
不同年龄段频率	0.178	6	0.200*

注：* 表示在 0.05 水平上显著相关。

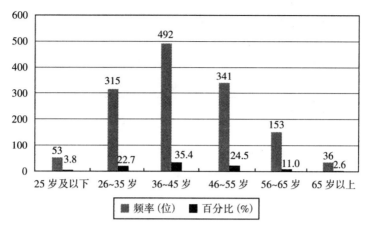

图 2-2 不同年龄段消费者调查数量分布

从性别上看，本次抽样调查男性卷烟消费者 1358 位，占抽样总体的 97.7%；女性卷烟消费者 31 位，占抽样总体的 2.3%。

从消费者居住地来看，本次抽样调查 553 位城镇居民消费者，占抽样总体的 39.8%；抽样调查农村居民消费者 837 位，占抽样总体的 60.2%。

在调查抽样学历分布上，初中学历消费者 485 位，占总体抽样的 34.9%；本科学历消费者 113 位，占总体抽样的 8.1%；研究生学历消费者调查数量为 0，如图 2-3 所示。根据不同学历吸烟人数的频数，采用 Kolmogorov-Smirnova 和 Shapiro-Wilk 检验，得到显著水平值 Sig.分别为 0.200 和 0.744，均大于 0.05，接受数据的正态分布假设，如表 2-7 所示。正态分布表明抽样数据的合理性。

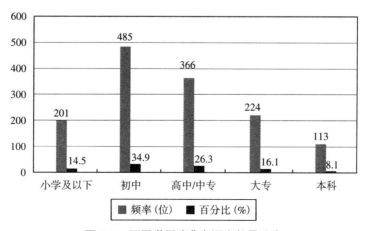

图 2-3 不同学历消费者调查数量分布

表 2-7 不同学历吸烟频数正态性检验

	Kolmogorov–Smirnov			Shapiro–Wilk		
	统计量	df	Sig.	统计量	df	Sig.
不同学历频数	0.243	5	0.200*	0.951	5	0.744

注：* 表示在 0.05 水平上显著相关。

从职业上看，调查抽样职业为农民的消费者数量最多，共调查 474 位，占抽样总体的 34.1%；职业为军人的消费者数量最少，共调查 6 位，占抽样总体 0.4%。具体如图 2-4 所示。

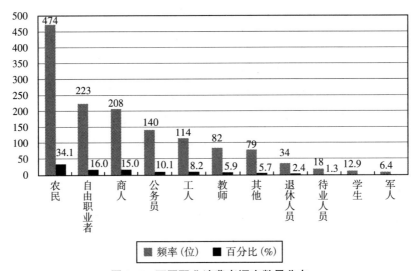

图 2-4 不同职业消费者调查数量分布

调查消费者月均收入在 3001~5000 元共 461 位，所占比例为 33.2%，在抽样总体中所占比例最高，具体如图 2-5 所示。

根据不同月收入吸烟人数的频数，采用 Kolmogorov-Smirnova 和 Shapiro-Wilk 检验，得到显著水平值 Sig. 分别为 0.200 和 0.527，均大于 0.05，接受数据的正态分布假设，如表 2-8 所示。正态分布表明抽样数据的合理性。

在对家庭未来收入预期上，如图 2-6 所示，52.8% 的消费者认为未来收入会稍有提高，31.8% 的消费者认为未来收入会维持现在水平，10.4% 的消费者认为未来收入会明显提高，5.0% 的消费者认为未来收入会有所下降。

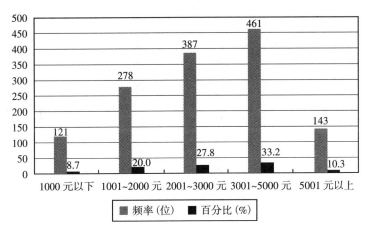

图 2-5　不同月均收入消费者调查数量分布

表 2-8　不同月收入消费者频数正态性检验

	Kolmogorov-Smirnov			Shapiro-Wilk		
	统计量	df	Sig.	统计量	df	Sig.
不同月均收入频数	0.218	5	0.200*	0.920	5	0.527

注：* 在 0.05 水平上显著相关。

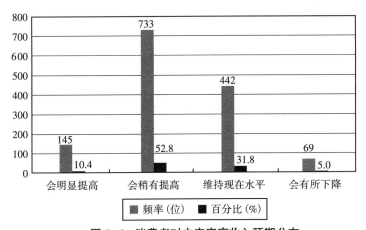

图 2-6　消费者对未来家庭收入预期分布

对家庭收入预期的不同也导致消费者对生活压力感受不同，如图 2-7 所示，4.2%的消费者认为当前生活没有压力，46.5%的消费者认为当前生活压力一般，38.1%的消费者认为当前生活压力比较大，11.2%的消费者认为当前生活压力很大。

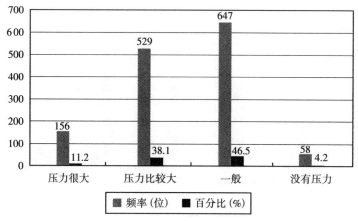

图 2-7　消费者当前生活压力状况分布

消费者家庭现有人数呈正态分布，35.6%的消费者家庭人数为 4 人，2 人及以下和 7 人及以上的家庭均较少，如图 2-8 所示。

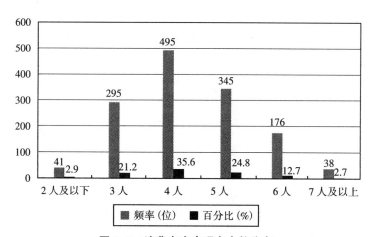

图 2-8　消费者家庭现有人数分布

消费者家庭有 1~2 人吸烟人数的比例达到 35.8%，3 人及以上吸烟人数的家庭只有 3.1%，如图 2-9 所示。

从交流方式看，76.19%的消费者选择用智能手机，58.27%的消费者选择用微信，26.47%的消费者选择用 QQ，如图 2-10 所示。

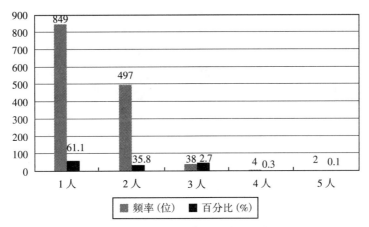

图 2-9　消费者家庭吸烟人数分布

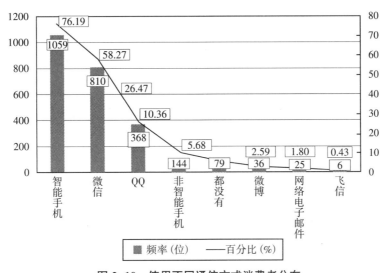

图 2-10　使用不同通信方式消费者分布

从烟龄上看，如图 2-11 所示，6 年以上烟龄的消费者比例达到 86.8%，且 10 年以上烟龄较长的消费者比例基本稳定在 20% 左右，同时也表明这类消费者戒烟难度非常大。5 年以下的烟龄所占比例较低，表明消费者越来越关注健康，年轻消费者比例较低，未来抽烟人数可能呈下降趋势。6~10 年烟龄消费者戒烟比例较高。

为分析不同卷烟消费者特征之间的关系，运用双变量相关性分析，采用皮尔逊相关系数与双尾显著性检验，结果如表 2-9 如所示。

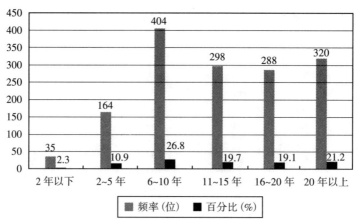

图 2-11 不同烟龄消费者数量分布

表 2-9 不同卷烟消费者特征相关性分析

		年龄	学历	职业	月均收入	地区	家庭收入预期	生活压力状况	家庭现有人数	家庭吸烟人数	通信方式
年龄	1	1	-0.368**	-0.067*	-0.163**	0.078**	0.238**	0.032	0.209**	0.156**	0.378**
	2		0.000	0.012	0.000	0.004	0.000	0.230	0.000	0.000	0.000
	3	1390	1389	1390	1390	1390	1389	1390	1390	1390	1387
您的学历	1	-0.368**	1	0.046	0.550**	-0.002	-0.156**	0.004	-0.228**	-0.151**	-0.354**
	2	0.000		0.090	0.000	0.928	0.000	0.884	0.000	0.000	0.000
	3	1389	1389	1389	1389	1389	1388	1389	1389	1389	1386
职业	1	-0.067*	0.046	1	0.108**	0.009	0.038	0.101**	-0.031	0.023	-0.144**
	2	0.012	0.090		0.000	0.744	0.157	0.000	0.246	0.389	0.000
	3	1390	1389	1390	1390	1390	1389	1390	1390	1390	1387
月均收入	1	-0.163**	0.550**	0.108**	1	-0.012	-0.153**	0.059*	-0.122**	-0.112**	-0.344**
	2	0.000	0.000	0.000		0.659	0.000	0.027	0.000	0.000	0.000
	3	1390	1389	1390	1390	1390	1389	1390	1390	1390	1387
地区	1	0.078**	-0.002	0.009	-0.012	1	0.057*	0.031	-0.003	-0.056*	0.058*
	2	0.004	0.928	0.744	0.659		0.035	0.247	0.898	0.038	0.031
	3	1390	1389	1390	1390	1390	1389	1390	1390	1390	1387
家庭收入预期	1	0.238**	-0.156**	0.038	-0.153**	0.057*	1	-0.001	0.020	0.072**	0.160**
	2	0.000	0.000	0.157	0.000	0.035		0.981	0.455	0.008	0.000
	3	1389	1388	1389	1389	1389	1389	1389	1389	1389	1386

续表

		年龄	学历	职业	月均收入	地区	家庭收入预期	生活压力状况	家庭现有人数	家庭吸烟人数	通信方式
生活压力状况	1	0.032	0.004	0.101**	0.059*	0.031	-0.001	1	-0.041	0.010	-0.030
	2	0.230	0.884	0.000	0.027	0.247	0.981		0.123	0.706	0.268
	3	1390	1389	1390	1390	1390	1389	1390	1390	1390	1387
家庭现有人数	1	0.209**	-0.228**	-0.031	-0.122**	-0.003	0.020	-0.041	1	0.421**	0.135**
	2	0.000	0.000	0.246	0.000	0.898	0.455	0.123		0.000	0.000
	3	1390	1389	1390	1390	1390	1389	1390	1390	1390	1387
家庭吸烟人数	1	0.156**	-0.151**	0.023	-0.112**	-0.056*	0.072**	0.010	0.421**	1	0.075**
	2	0.000	0.000	0.389	0.000	0.038	0.008	0.706	0.000		0.005
	3	1390	1389	1390	1390	1390	1389	1390	1390	1390	1387
通信方式	1	0.378**	-0.354**	-0.144**	-0.344**	0.058*	0.160**	-0.030	0.135**	0.075**	1
	2	0.000	0.000	0.000	0.000	0.031	0.000	0.268	0.000	0.005	
	3	1387	1386	1387	1387	1387	1386	1387	1387	1387	1387

注：** 表示在 0.01 水平上显著相关，* 表示在 0.05 水平上显著相关。表中第 2 列：1 表示相关系数，2 表示显著性水平，3 表示频数。

年龄、学历、月均收入、收入预期、生活压力状况、家庭现有人数、家庭吸烟人数均为有序名义变量。有序名义变量间的正负相关代表两因素之间的变化趋势一致或者相反，其他变量间正负相关。月均收入除和地区无关外，与其他所有因素均相关。

在 Sig.=0.01 水平下，年龄与学历、月均收入呈负相关，表明在当前调查中，年龄越大，学历与月均收入越低（年轻一代，未来学历与收入均会上升，学历与收入是影响卷烟结构的重要因素）。学历与收入呈正相关，学历越高收入越高。家庭吸烟人数与学历、月均收入呈负相关，表明学历与月均收入越高的家庭，其吸烟人数越少。

四、消费者卷烟购买行为分析

消费者卷烟购买行为主要从消费者购买卷烟最主要考虑的因素、消费者卷烟购买场所、消费者购买频率三个方面分析。

(一) 购买卷烟考虑因素

消费者购买卷烟最主要考虑的因素依次是价格、品牌、口味与质量，这四大因素占抽样总体的比例分别为 62.7%、59.0%、39.0% 和 28.8%，如图 2-12 所示。

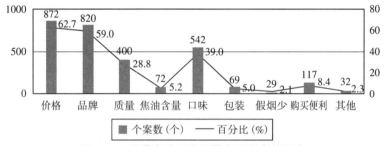

图 2-12　消费者购买卷烟最主要考虑的因素

1. 不同地区消费者购买卷烟考虑因素

从不同地区消费者购买卷烟考虑的因素来看，剑河、丹寨、从江、麻江、雷山、三穗、锦屏和凯里消费者购买卷烟考虑的因素主要是价格、品牌、质量与口味。其中，价格与品牌因素在雷山消费者中比例均最高，其值分别为 84% 和 76%；质量因素在从江消费者中比例最高，其值为 45%；口味因素在丹寨消费者中比例最高，其值为 57%。如图 2-13 所示。

榕江和黎平消费者购买卷烟考虑的因素主要是品牌、价格、口味与质量，且黎平消费者购买卷烟考虑包装因素较榕江高，黄平和台江消费者购买卷烟考虑的因素主要是价格、品牌、口味与质量。如图 2-14 所示。

天柱和镇远消费者购买卷烟考虑的因素主要是品牌、价格、口味与质量。如图 2-15 所示。

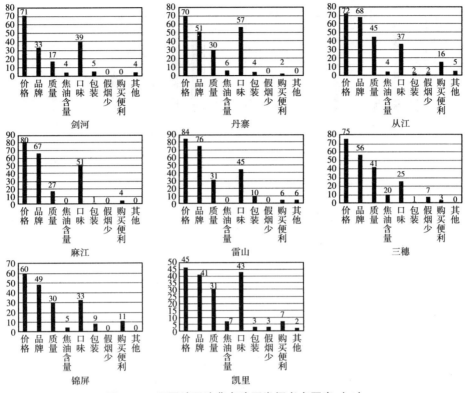

图 2-13　不同地区消费者购买卷烟考虑因素（%）

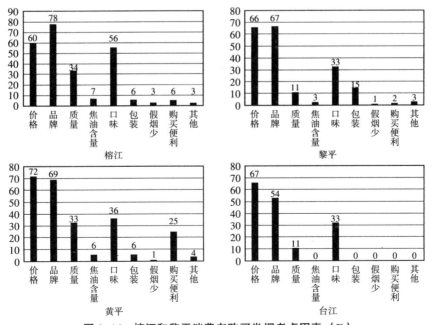

图 2-14　榕江和黎平消费者购买卷烟考虑因素（%）

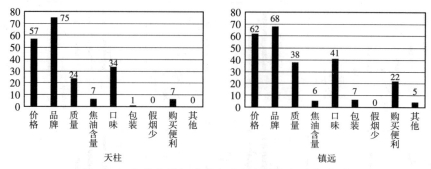

图 2-15　天柱和镇远消费者购买卷烟考虑因素（%）

施秉消费者购买卷烟考虑的因素主要是价格、品牌、质量与口味/购买便利性。岑巩消费者购买卷烟考虑的因素主要是质量、口味、品牌与价格。如图 2-16 所示。

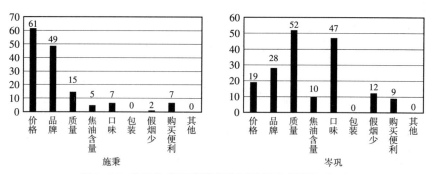

图 2-16　施秉和岑巩消费者购买卷烟考虑因素（%）

从影响因素看，如图 2-17 所示，雷山消费者考虑价格的因素比例最高，而岑巩消费者考虑价格的因素比例最低，雷山所占比率近似岑巩的 4 倍。榕江消费者在品牌的考虑因素比例最高（78%），而岑巩考虑品牌的因素比例远低于榕江，近似其所占的 1/3。质量因素在岑巩消费者群体中所占的比例最高（52%），而黎平消费者考虑品牌的因素比例最低（11%）。丹寨消费者更加偏重卷烟的口味选择，所占最高比例接近 60%，而施秉考虑口味的因素比例最低，不到 10%。黎平消费者对卷烟的包装情有独钟，所占最高比例为 15%，岑巩、施秉、台江消费者考虑包装的因素比例最低。就其购买便利性而言，黄平消费者占据整个比例的 1/4（最高比例），台江和剑河消费者对此不做考虑，所占比例几乎为 0。

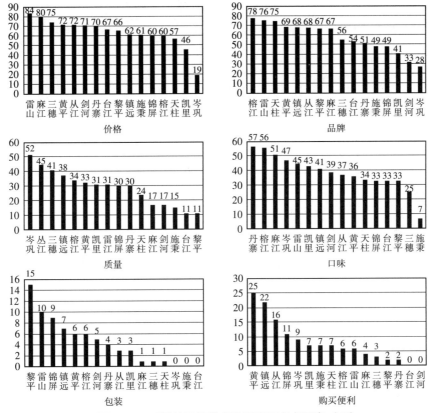

图 2-17 不同地区消费者购买卷烟考虑因素（%）

表 2-10 不同地区消费者购买卷烟主要考虑因素（%）

	价格	品牌	质量	焦油含量	口味	包装	假烟少	购买便利	其他
凯里	46	41	31	7	43	3	3	7	2
黄平	72	69	33	6	36	6	1	25	4
施秉	61	49	15	5	7	0	2	7	0
三穗	75	56	41	10	25	1	7	3	0
镇远	62	68	38	6	41	7	0	22	5
岑巩	19	28	52	10	47	0	12	9	0
天柱	57	75	24	7	34	1	0	7	0
锦屏	60	49	30	5	33	9	0	11	0
台江	67	54	11	0	33	0	0	0	0
黎平	66	67	11	3	33	15	1	2	3

	价格	品牌	质量	焦油含量	口味	包装	假烟少	购买便利	其他
榕江	60	78	34	7	56	6	3	6	3
从江	72	68	45	4	37	3	2	16	5
雷山	84	76	31	0	45	10	2	6	6
麻江	80	67	17	0	51	1	0	4	0
丹寨	70	51	30	6	57	4	0	2	0
剑河	71	33	17	4	39	5	0	0	4

2. 不同年龄消费者购买卷烟考虑因素

从不同年龄消费者购买卷烟考虑的因素来看，25岁及以下和46~65岁消费者购买卷烟考虑的主要因素依次是价格、品牌、口味和质量，26~45岁消费者购买卷烟考虑的主要因素依次是品牌、价格、口味与质量，65岁以上消费者购买卷烟考虑的主要因素依次是价格、口味、品牌和质量。具体而言，56~65岁消费者考虑价格的因素比例最高，其比例达到80%；26~35岁消费者考虑品牌的因素比例最高，其比例为65%；36~45岁消费者考虑质量的因素比例最高，其比例达到34%；65岁及以上消费者考虑口味的因素比例最高，其比例为50%；25岁及以下消费者考虑包装的因素比例最高，其比例为9%；65岁以上消费者考虑购买便利的因素比例最高，其比例为17%。

随着年龄的渐增，消费者对价格因素的考虑只增不减，在超过55岁年龄段，所占比例接近80%。而超过35岁以上年龄的消费者，对品牌忠诚度的考虑呈下降趋势，最终维持接近40%水平。对于卷烟口味考虑而言，在各年龄段无明显差异，反而香烟质量比例随着年龄的增加经历了先缓慢增加（36岁以下年龄）后逐渐减少的变化。具体如表2-11和图2-18所示。

表2-11　不同年龄消费者购买卷烟主要考虑因素（%）

	25岁及以下	26~35岁	36~45岁	46~55岁	56~65岁	65岁以上
价格	58	55	58	68	80	78
品牌	53	65	63	56	46	39
质量	23	25	34	30	20	25
焦油含量	2	9	4	4	6	0

续表

	25 岁及以下	26~35 岁	36~45 岁	46~55 岁	56~65 岁	65 岁以上
口味	38	39	37	43	37	50
包装	9	6	5	5	1	3
假烟少	0	2	3	1	1	3
购买便利	4	10	9	7	7	17
其他	4	3	2	1	5	0

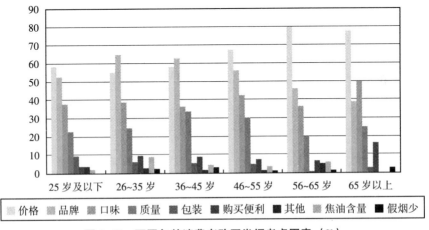

图 2-18　不同年龄消费者购买卷烟考虑因素（%）

3. 不同商圈消费者购买卷烟考虑因素

从不同商圈消费者购买卷烟考虑因素看，住宅区、文教区、旅游区、混合区消费者购买卷烟考虑的主要因素依次是价格、品牌、口味和质量。价格因素居于第一考虑，可能与这些商圈消费者生活环境有关。例如，在旅游区，消费者选购卷烟场所受限，景区卷烟价格高，游客对其价格敏感度高，考虑比例越大。与工业区消费者购买卷烟考虑因素相比，除品牌、价格依次是消费者购买卷烟考虑的主要因素外，商业区和办公区对"口味"的考虑要优于"质量"。

住宅区消费者考虑价格的因素比例最高，其比例达到 67%；工业区消费者考虑品牌的因素比例最高，其比例为 73%；混合区消费者考虑质量的因素比例最高，其比例达到 36%；混合区消费者考虑口味的因素比例最高，其比例为 43%；商业区消费者考虑包装的因素比例最高，其比例为 7%；混合区消费者考虑购买便利的因素比例最高，其比例为 13%。具体如表 2-12 和图 2-19 所示。

表 2-12　不同商圈消费者购买卷烟主要考虑因素（%）

	商业区	住宅区	文教区	办公区	工业区	旅游区	混合区
价格	48	67	57	48	62	61	64
品牌	59	54	53	69	73	48	60
质量	32	29	30	34	35	25	36
焦油含量	8	5	5	7	5	3	4
口味	38	39	31	39	27	39	43
包装	7	2	6	5	2	1	2
假烟少	1	2	3	2	2	3	3
购买便利	5	5	9	6	9	10	13
其他	2	2	0	2	0	4	4

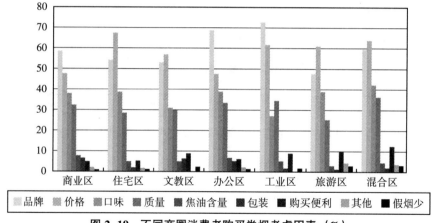

图 2-19　不同商圈消费者购买卷烟考虑因素（%）

4. 不同类型消费者购买卷烟考虑因素

从不同类型消费者购买卷烟考虑的因素来看，城镇地区消费者购买卷烟考虑的主要因素依次是品牌、价格、口味和质量，乡村地区消费者购买卷烟考虑的主要因素依次是价格、品牌、口味与质量。对比而言，城镇对品牌的重视要高于乡村，而乡村在购买卷烟时看重更多的是价格，此外考虑购买便利的比例虽较低，但也高于农村。具体如图 2-20 所示。

5. 不同性别消费者购买卷烟考虑因素

从不同性别消费者购买卷烟考虑的因素来看，男性消费者购买卷烟考虑的主

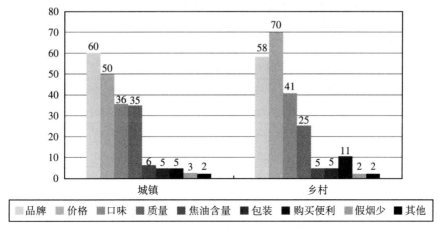

图 2-20 不同类型消费者购买卷烟考虑因素（%）

要因素依次是价格、品牌、口味和质量，女性消费者购买卷烟考虑的主要因素依次是口味、价格、品牌与包装。这种比例差异分布，更好地体现了男性的理性与女性感性的区别。男性的理性更多体现在卷烟选购上的价格，而作为感性的女性群体，尽管在价格和品牌上所占比利仅次于男性，且较男性消费者更注重卷烟焦油含量，但他们更多看重对卷烟的口味和包装。具体如图 2-21 所示。

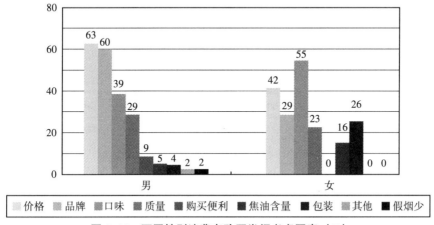

图 2-21 不同性别消费者购买卷烟考虑因素（%）

6. 不同收入消费者购买卷烟考虑因素

从不同收入消费者购买卷烟考虑的因素来看，3000 元及以下消费者主要考虑的因素依次为价格、品牌、口味与质量，3001~5000 元消费者主要考虑的因素依次为品牌、价格、口味与质量，5000 元以上消费者主要考虑的因素依次为品牌、质量、价格与口味。具体如表 2-13 和图 2-22 所示。

表 2-13　不同收入消费者购买卷烟考虑因素（%）

	1000 元及以下	1001~2000 元	2001~3000 元	3001~5000 元	5000 元以上
价格	82	72	60	59	47
品牌	38	44	57	71	74
质量	21	22	28	30	48
焦油含量	6	5	5	6	2
口味	32	41	39	40	38
包装	1	3	7	5	6
假烟少	1	1	2	2	3
购买便利	8	12	9	8	4
其他	1	3	3	2	0

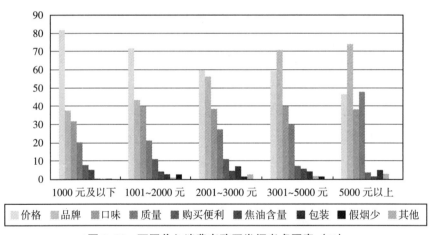

图 2-22　不同收入消费者购买卷烟考虑因素（%）

个人收入一定程度上影响消费者购买卷烟所考虑的因素，尤其是价格、品牌、质量方面更为明显。从具体因素看，价格考虑的比重随收入的增加而降低，考虑品牌、质量因素的比例则随收入的增加而增加。

7. 不同职业消费者购买卷烟考虑因素

从不同职业消费者购买卷烟考虑的因素而言，工人、农民、学生、待业、退休群体的消费者在购买卷烟时，更多的看重价格，可能他们属于低端消费群体，购买卷烟开销受到收入水平的制约，因而对卷烟价格比较敏感。而公务员、商人、教师、自由职业群体，更多的看重卷烟品牌，尤其是在公务员和商人群体消费中，比例达到80%。军人、商人消费者群体更加看重"卷烟质量"。对卷烟口感而言，口味在不同职业中所占比例相对较高，尤其是在退休群体中更为明显，比例达到60%，仅次于价格所占比例。具体如表2-14所示。

住宅区消费者考虑价格的因素比例最高，其比例达到67%；工业区消费者考虑品牌的因素比例最高，其比例为73%；混合区消费者考虑质量的因素比例最高，其比例达到36%；混合区消费者考虑口味的因素比例最高，其比例为43%；商业区消费者考虑包装的因素比例最高，其比例为7%；混合区消费者考虑购买便利的因素比例最高，其比例为13%。

表2-14 不同职业消费者购买卷烟考虑因素（%）

	公务员	工人	农民	商人	学生	教师	自由职业者	军人	待业人员	退休人员	其他
价格	46	59	77	62	75	60	52	33	67	76	47
品牌	81	54	46	80	25	70	61	50	44	56	44
质量	31	24	24	38	8	30	32	50	33	24	29
焦油含量	6	4	5	5	8	1	5	17	17	6	10
口味	36	42	38	33	50	41	38	50	44	62	51
包装	9	4	4	9	8	4	4	0	6	6	3
假烟少	1	2	1	3	0	4	2	0	6	0	4
购买便利	2	7	11	8	0	11	10	0	11	3	8
其他	1	1	3	0	0	2	2	0	0	6	6

8. 不同学历消费者购买卷烟考虑因素

从不同学历消费者购买卷烟考虑的因素来看，初中学历及以下消费者购买卷烟考虑的主要因素依次是价格、品牌、口味和质量，高中/中专及以上消费者购买卷烟考虑的主要因素依次是品牌、价格、口味与质量。由此可以看出，口味与质量因素在不同学历消费者中差异并不大，反而不同学历的购买者差异更多地体现在价格和品牌上。随着学历的升高，价格因素影响消费者购买卷烟的比例越来越小，而品牌与质量因素影响消费者购买卷烟的比例越来越大。具体如表2-15和图2-23所示。

表 2-15　不同学历消费者购买卷烟考虑因素（%）

	小学及以下	初中	高中/中专	大专	本科
价格	82	64	57	53	59
品牌	44	53	65	69	73
质量	18	26	34	34	31
焦油含量	3	5	5	6	9
口味	40	39	41	38	33
包装	3	5	4	5	9
假烟少	1	3	2	1	1
购买便利	10	11	8	4	4
其他	1	3	2	2	2

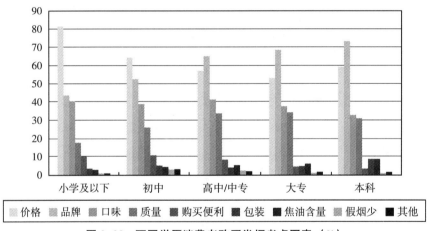

图 2-23　不同学历消费者购买卷烟考虑因素（%）

9. 不同烟龄消费者购买卷烟考虑因素

从不同烟龄消费者购买卷烟考虑的因素看，不同烟龄所有消费者购买卷烟考虑的主要因素是价格、品牌、口味和质量，尤其是在 6~15 年、20 年以上，价格因素所占比例超出 60% 水平，特别是在"20 年以上"年段，这种比例达到 70% 水平。

从影响因素看，品牌因素在 6~10 年烟龄的消费者购买卷烟影响比例最高，其值为 68%，在该烟龄之前随着烟龄的增加考虑品牌因素的消费者比例逐渐增加，然后递减。质量、口味因素在 16~20 年烟龄的消费者购买卷烟影响比例最高，其值分别为 32% 和 44%。焦油含量、包装因素在 2~5 年烟龄的消费者购买卷烟影响比例最高，其值均为 9%。随着烟龄的升高，价格因素影响消费者购买卷烟的比例越来越大。具体如表 2-16 和图 2-24 所示。

表 2-16　不同烟龄消费者购买卷烟考虑因素（%）

	2 年以下	2~5 年	6~10 年	11~15 年	16~20 年	20 年以上
价格	59	60	61	65	55	70
品牌	41	55	68	59	58	51
质量	28	25	27	30	32	30
焦油含量	7	9	6	4	5	4
口味	28	42	37	35	44	40
包装	0	9	7	4	3	4
假烟少	0	0	2	1	2	4
购买便利	10	9	7	10	9	7
其他	7	2	3	4	1	1

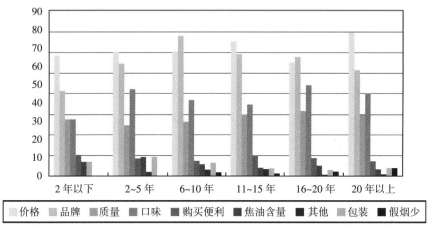

图 2-24　不同烟龄消费者购买卷烟考虑因素（%）

（二）购买卷烟场所

从消费者卷烟购买场所看，78.3% 的消费者在食杂店购买，12.0% 的消费者在便利店购买，7.2% 的消费者在烟酒专卖店购买。在超市和商场购买卷烟的消费者比例只占 2.5%，如图 2-25 所示。

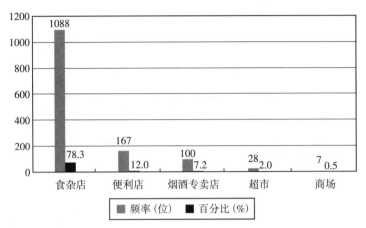

图 2-25　消费者卷烟购买场所频率

1. 不同地区消费者购买卷烟场所

从不同地区消费者购买卷烟场所看，除岑巩地区主要购买卷烟场所是烟酒专卖店外，其他所有地区主要购买卷烟场所均是食杂店。从食杂店购买场所看，锦屏和剑河的消费者比例最高，该比例均达到 95%；岑巩地区的消费者比例最低，其值为 29%。从便利店购买场所来看，施秉、凯里、岑巩和丹寨的消费者比例最高，该比例分别为 20%、19%、19% 和 19%；剑河地区的消费者比例最低，其值为 1%。从烟酒专卖店购买场所来看，岑巩的消费者比例最高，该比例为 52%；锦屏地区的消费者比例最低，其值为 0。从超市购买场所看，从江的消费者比例最高，该比例为 8%；锦屏地区的消费者比例最低，其值为 0。从商场购买场所来看，施秉和台江的消费者比例最高，该比例为 2%。具体如表 2-17 所示。

表 2-17　不同地区消费者购买卷烟场所（%）

	食杂店	便利店	烟酒专卖店	超市	商场
凯里	66	19	12	3	0
黄平	88	6	6	0	0
施秉	77	20	2	0	2
三穗	90	9	2	0	0
镇远	85	6	9	0	0
岑巩	29	19	52	0	0
天柱	78	17	3	1	0

续表

	食杂店	便利店	烟酒专卖店	超市	商场
锦屏	95	5	0	0	0
台江	83	9	4	2	2
黎平	85	7	3	4	1
榕江	79	16	5	0	1
从江	72	15	4	8	1
雷山	86	8	6	0	0
麻江	83	10	4	1	1
丹寨	70	19	4	8	0
剑河	95	1	4	0	0

2. 不同年龄消费者购买卷烟场所

从不同年龄消费者购买卷烟场所看，随着年龄的增加，在食杂店购买卷烟的消费者比例逐渐增加，在超市购买卷烟的消费者比例逐渐降低。所有年龄的消费者在食杂店购买卷烟的比例最高，其次是便利店。

从具体购买场所看，在食杂店购买卷烟，56岁以上消费者的比例最高，25岁及以下比例最低，其值分别为90%和53%。在便利店购买卷烟，25岁及以下消费者比例最高，56~65岁的消费者比例最低，其值分别为34%和5%。在烟酒专卖店购买卷烟，36~45岁消费者比例最高，65岁以上消费者比例最低，其值分别为10%和0。在超市购买卷烟，25岁及以下消费者比例最高，65岁以上消费者比例最低，其值分别为9%和0。具体如表2-18和图2-26所示。

表2-18 不同年龄消费者购买卷烟场所（%）

	25岁及以下	26~35岁	36~45岁	46~55岁	56~65岁	65岁以上
食杂店	53	76	77	80	90	90
便利店	34	16	11	10	5	11
烟酒专卖店	2	7	10	7	3	0
超市	9	2	2	2	1	0
商场	2	0	1	1	1	0

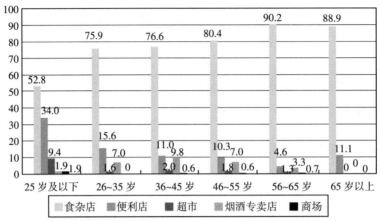

图 2-26 不同烟龄消费者购买卷烟场所（%）

3. 不同商圈消费者购买卷烟场所

从不同商圈消费者购买卷烟场所看，商业区、住宅区、文教区、办公区、旅游区、混合区消费者在食杂店购买的比例最高，其次是便利店。工业区消费者在食杂店购买的比例最高，其次烟酒专卖店。

从具体购买场所看，在食杂店购买卷烟，住宅区的消费者比例最高，工业区和商业区的比例最低，其值分别为88%和66%。在便利店购买卷烟，文教区的消费者比例最高，住宅区的比例最低，其比例分别为26%和7%。在烟酒专卖店购买卷烟，工业区的消费者比例最高，住宅区的比例最低，其值分别为20%和2%。在超市购买卷烟，商业区的比例最高，文教区的比例最低，其值分别为4%和0%。具体如表 2-19 和图 2-27 所示。

表 2-19　不同商圈消费者购买卷烟场所（%）

	商业区	住宅区	文教区	办公区	工业区	旅游区	混合区
食杂店	66	88	68	69	66	69	80
便利店	19	7	26	15	13	22	13
烟酒专卖店	11	2	7	13	20	5	6
超市	4	2	0	3	2	3	1
商场	0	1	0	0	0	2	0

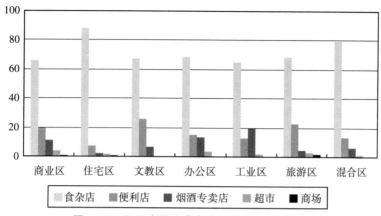

图 2-27 不同商圈消费者购买卷烟市场 （%）

4. 不同类型消费者购买卷烟场所

从不同类型消费者购买卷烟场所看，城镇消费者有超过 60% 的比例在食杂店购买卷烟，其次在便利店购买卷烟，所占比例 19.1%，而在烟酒专卖店购买卷烟比例仅占 11.6%，在超市和商场选购卷烟的概率甚少。而农村消费者最喜欢到食杂店购买卷烟，所占高达 85.1%。在便利店、烟酒专卖店、超市，乃至商场购买卷烟机会不大。对比而言，除在食杂店购买的卷烟明显高于城镇外，农村消费者在其他场所购买卷烟比例均低于城镇。具体如图 2-28 所示。

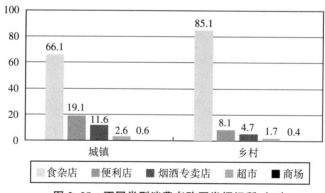

图 2-28 不同类型消费者购买卷烟场所 （%）

5. 不同性别消费者购买卷烟场所

就其性别差异而言，男性消费者有超过 70% 的比例在食杂店购买卷烟，其次在便利店购买卷烟，所占比例为 11.6%，而在烟酒专卖店购买卷烟比例仅占 7%，在超市和商场选购卷烟的概率甚少。而女性消费者最喜欢到食杂店购买卷烟，所占高达 48.4%。在便利店购买卷烟比例仅为 29%、烟酒专卖店比例为 16.1%、超市和商场购买卷烟比例均为 3.2%。对比而言，男性更容易在食杂店选购卷烟，而女性在便利店和烟酒专卖店选购卷烟的概率高于男性。由此看出，男女消费者在购买卷烟场所选择上存在差异。具体如图 2-29 所示。

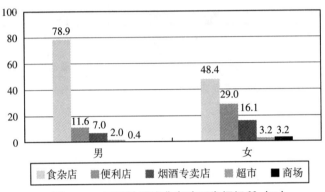

图 2-29　不同性别消费者购买卷烟场所（%）

6. 不同收入消费者购买卷烟场所

从不同收入消费者购买卷烟场所来看，食杂店成为收入差异群体选购卷烟的最佳场所，所占比例在各收入水平均超过一半，尤其是 3000 元收入及以下，所占比例超出 80%，而在超市和商场购买卷烟比例最低。在便利店选购卷烟所占比例在各收入段，差异不大，几乎都保持 10% 以上水平。而在烟酒专卖店和商场购买香烟主要属于高收入群体（3000 元以上），尤其是 3001~5000 元，所占比例高于 74%。

随着收入水平的不断提高，消费者选择在食杂店购买卷烟比例逐渐下降；更多的是选择专门的烟酒专卖店场所。可以看出，收入影响消费者对购买卷烟产所的选择。具体如表 2-20 和图 2-30 所示。

表 2-20　不同收入消费者购买卷烟场所（%）

	1000 元及以下	1001~2000 元	2001~3000 元	3001~5000 元	5000 元以上
食杂店	86	87	85	74	52
便利店	12	8	11	13	22
烟酒专卖店	1	3	4	9	24

续表

	1000 元及以下	1001~2000 元	2001~3000 元	3001~5000 元	5000 元以上
超市	2	1	1	3	2
商场	0	1	0	1	1

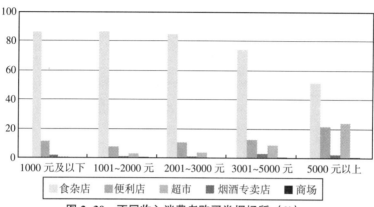

图 2-30　不同收入消费者购买卷烟场所（%）

7. 不同职业消费者购买卷烟场所

食杂店是不同职业消费者在购买卷烟场所最青睐的选择，可能是食杂店分布点居多，购买卷烟省时、方便、快捷。工人、学生、军人、其他职业的消费者除了在食杂店购买卷烟外，他们也喜欢在便利店选购。在烟酒专卖店选择香烟的，尽管比例不高，但主要是公务员和商人群体。在超市和商场购买卷烟的消费者在各职业群体的比例微乎其微，甚至军人和待业群体中出现零比例。具体如表 2-21和图 2-31 所示。

表 2-21　不同职业消费者购买卷烟场所（%）

	公务员	工人	农民	商人	学生	教师	自由职业者	军人	待业人员	退休人员	其他
食杂店	62	75	91	68	50	79	79	67	72	82	67
便利店	16	19	6	14	33	12	12	33	11	9	24
烟酒专卖店	15	5	3	16	0	7	6	0	6	0	6
超市	5	1	1	2	8	1	2	0	11	6	1
商场	1	0	0	0	8	0	0	0	0	3	1

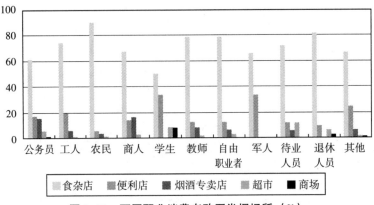

图 2-31　不同职业消费者购买卷烟场所（%）

8. 不同学历消费者购买卷烟场所

从不同学历消费者看，小学及以下学历消费者购买卷烟场所的选择依次是食杂店、便利店、烟酒专卖店，超市和商场零比例；初中学历及其以上的消费者选择与小学及其以下学历选择类似。无论处于哪个学历段，食杂店是他们第一选择，其次便利店、烟酒专卖店、超市、商场。具体如表 2-22 和图 2-32 所示。

表 2-22　不同学历消费者购买卷烟场所（%）

	小学及以下	初中	高中/中专	大专	本科
食杂店	93	86	73	69	56
便利店	6	7	15	18	21
烟酒专卖店	2	4	10	10	16
超市	0	2	2	2	5
商场	0	0	0	1	2

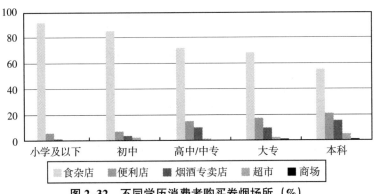

图 2-32　不同学历消费者购买卷烟场所（%）

随着学历的不断提高，消费者对食杂店的选择比例逐渐减少，更多地转向便利店和烟酒专卖店，超市和商场成为少量高学历消费者购烟的选择场所。可以看出，学历对消费者购烟场所也造成一定影响。

9. 不同烟龄消费者购买卷烟场所

从不同烟龄消费者购买卷烟场所看。食杂店在各年龄段所占比例均最高，尤其烟龄达到"6~10 年"和"20 年以上"所占比例均超过 80%，且随着烟龄的增加，消费者对食杂店的选择先后历经先增加（10 年烟龄及以下）后降低（10 年烟龄以上段），最后出现回升（20 年以上）。而便利店所在的比例与食杂店刚好相反，先下降（10 年及以下）后上升（10~20 年段），最后出现回落（20 年以上）。烟酒专卖店虽所占比例几乎不到 10%，但随着烟龄而缓慢上升，最后出现回落（20 年以上）。超市和商场则相对一直保持低比例稳定水平。从这些变化及其分布来看，烟龄可能影响消费者对卷烟购买场所的选择。具体如表 2-23 和图 2-33 所示。

表 2-23 不同烟龄消费者购买卷烟场所（%）

	2 年以下	2~5 年	6~10 年	11~15 年	16~20 年	20 年以上
食杂店	59	71	84	78	70	84
便利店	35	22	8	11	15	8
烟酒专卖店	3	5	5	9	12	5
超市	3	2	2	2	2	2
商场	0	1	1	0	0	1

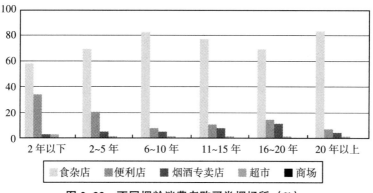

图 2-33 不同烟龄消费者购买卷烟场所（%）

（三）购买卷烟频率

从消费者购买频率看，60.7%的消费者每天至少购买一次卷烟，26.3%的消费者 2~3 天购买一次卷烟，如图 2-34 所示。

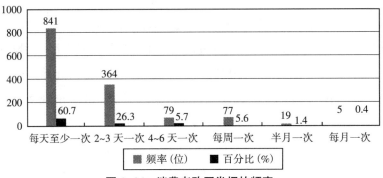

图 2-34 消费者购买卷烟的频率

1. 不同地区消费者购买卷烟频率

为了分析不同地区的消费者对卷烟购买频率，针对各地区的消费者在卷烟频率偏好进行了统计。从表 2-24 可以看出，每天至少一次在各地区占据比例最高，均超出 40%，其中天柱和锦屏均达到 74%。除最高比例外，依次为是 2~3 天一次、4~6 天一次、每周一次、半月一次、每月一次。具体而言，2~3 天一次，在凯里、镇远、台江、榕江、丹寨 5 个市（县）中所占的比例最大所占比例。4~6 天一次主要以岑巩和剑河为代表，所占比例均为 14%。每周一次在施秉和雷山比例相对较高。半月一次或每月一次在各地区比例均低，甚至有些地区为"零比例"。

表 2-24 不同地区消费者购买卷烟频率（%）

	凯里	黄平	施秉	三穗	镇远	岑巩	天柱	锦屏	台江	黎平	榕江	从江	雷山	麻江	丹寨	剑河
每天至少一次	57	57	61	69	49	60	74	74	41	60	57	57	61	69	49	60
2~3 天一次	31	27	21	22	30	21	17	21	46	28	31	27	21	22	30	21
4~6 天一次	5	7	2	3	9	14	2	5	4	8	5	7	2	3	9	14
每周一次	4	6	15	4	7	5	6	0	7	4	4	6	15	4	7	5
半月一次	1	4	2	0	5	0	0	0	2	0	1	4	2	0	5	0
每月一次	2	0	0	0	0	0	1	0	0	0	0	0	0	0	0	0

2. 不同年龄消费者购买卷烟频率

从不同年龄购买卷烟频率来看，56 岁以下的消费者对卷烟频率所占比例由高到低依次为，每天至少一次、2~3 天一次、4~6 天一次、每周一次、半月一次、每月一次。56 岁以上的消费者所占比例由高到低依次为，每天至少一次、2~3 天一次、每周一次、4~6 天一次、半月一次、每月一次。

随着年龄增加，每周一次购买卷烟频率在逐渐增加。每天至少一次和 2~3 天一次所占比例尽管与前期增长趋势完全相反，但达到 46 岁以上年龄，两者都趋于下降。具体如表 2-25 所示。

表 2-25　不同烟龄消费者购买卷烟频率（%）

	25 岁及以下	26~35 岁	36~45 岁	46~55 岁	56~65 岁	65 岁以上
每天至少一次	42	67	58	65	57	50
2~3 天一次	43	24	31	20	24	14
4~6 天一次	11	5	6	6	5	6
每周一次	2	2	4	6	13	19
半月一次	0	1	1	2	1	8
每月一次	2	1	0	0	0	3

3. 不同商圈消费者购买卷烟频率

从不同商圈消费者购买卷烟频率来看，每天至少一次所占比例在各商圈均占最高比例，其中在住宅区、旅游区、混合区均超出 60%，其次是 2~3 天一次，均超过各所占比例的 20%。4~6 天一次、每周一次、半月一次、每月一次在各商圈中所占比例及其低。例如，就其每月一次而言，在住宅区、工业区、旅游区、混合区所占"零比例"。具体如表 2-26 所示。

表 2-26　不同商圈消费者购买卷烟频率（%）

	商业区	住宅区	文教区	办公区	工业区	旅游区	混合区
每天至少一次	55	65	48	60	58	73	63
2~3 天一次	30	24	35	30	20	25	23
4~6 天一次	9	5	6	3	5	1	3
每周一次	5	4	4	5	11	0	9
半月一次	1	1	3	1	5	0	2
每月一次	1	0	4	1	0	0	0

4. 不同类型消费者购买卷烟频率

就不同类型消费者购买卷烟频率而言，城镇消费者和乡村消费者在各频率比例中差异不大。就城镇来说，每天至少一次所占比例高于其他购买卷烟频率，例如，每天至少一次所占比例远超过 2~3 天一次比例的 2 倍，4~6 天一次、每周一次、半月一次、每月一次所占比例不到 10%。与城市类似，乡村消费者购买卷烟频率比例主要集中每天至少一次，且所占比例是 2~3 天一次的 2 倍多。

城镇和乡村消费者购买卷烟对比而言，每天至少一次在城镇中比例高于乡村比例，但 2~3 天一次比例（25.7%）要低于乡村比例（26.6%）。尽管 4~6 天一次、每周一次所占比例城镇均低于农村，但在更低的购买频率上所占比例（半月一次、每月一次）要高于乡村。具体如图 2-35 所示。

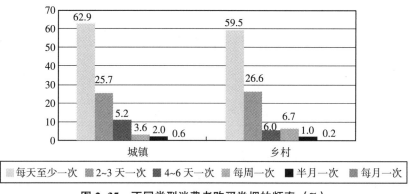

图 2-35　不同类型消费者购买卷烟的频率（%）

5. 不同性别消费者购买卷烟频率

就其不同性别消费者购买卷烟频率看，每天至少一次和 2~3 天一次在男女消费群体中占主要比例。除了每天至少一次在男性群体中比例高于女性，以及每月一次男女所占比例接近零外，尽管其他购买频率所占各自比例低水平，但女性比例均高于男性。具体如图 2-36 所示。

6. 不同收入消费者购买卷烟频率

从不同收入消费者购买卷烟频率来看，1000 元及以下收入水平购买卷烟频率所占比例依次为：每天至少一次、2~3 天一次、每周一次、4~6 天一次、半月一次、每月一次，其他收入群体与此类似。每天至少一次和 2~3 天一次在各收入水平占据主要比例。

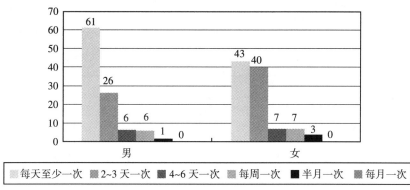

图 2-36 不同性别消费者购买卷烟的频率（%）

随着收入的增加，每天至少一次所占比例逐渐加大，收入上升到 3000 元后，逐渐下降。4~6 天一次所占比例尽管在各群体比例低于每天至少一次所占比例，但所占比例变化趋势与其相反，随着收入增加，5000 元以下的消费者所占比例逐渐减少，且减幅不大，达到 5000 元以上后，消费者所占比例快速增加。可以看出，相对于低收入群体，高收入群体购买卷烟的频率较低。具体如表 2-27 和图 2-37 所示。

表 2-27 不同收入消费者购买卷烟频率（%）

	1000 元及以下	1001~2000 元	2001~3000 元	3001~5000 元	5000 元以上
每天至少一次	46	63	64	62	55
2~3 天一次	32	26	27	27	17
4~6 天一次	6	5	5	5	13
每周一次	13	5	3	5	9
半月一次	3	0	1	1	6
每月一次	1	0	0	0	1

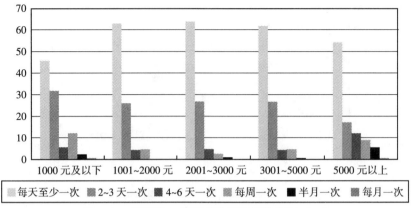

图 2-37　不同收入消费者购买卷烟的频率（%）

7. 不同职业消费者购买卷烟频率

从不同职业消费者购买卷烟频率来看，公务员、工人、农民、商人、教师、自由职业者、其他购买卷烟主要频率所占各自比例类似，由高到低依次为，每天至少一次、2~3 天一次。而在学生和待业群体中，4~6 天一次位于次位。每周一次所占各群体比例中，退休群体比例最大，而在自由职业、军人、待业群体中占据零比例。半月一次所占各群体比例中，在农民、商人、教师、退休、其他消费者少量分布外，其他职业消费者"零比例"。以此类似，每月一次所占低比例仅分布公务员、工人、教师消费者，其他"零比例"。值得一提的是，作为特殊职业，军人每天至少一次所占比例达到 100%。具体如表 2-28 和图 2-38 所示。

表 2-28　不同职业消费者购买卷烟频率（%）

	公务员	工人	农民	商人	学生	教师	自由职业者	军人	待业人员	退休人员	其他
每天至少一次	59	61	59	60	0	59	70	100	72	62	59
2~3 天一次	29	30	28	23	67	29	22	0	6	18	29
4~6 天一次	4	5	4	9	25	0	7	0	22	6	6
每周一次	9	3	7	5	8	9	0	0	0	12	4
半月一次	0	0	1	3	0	2	0	0	0	3	1
每月一次	1	1	0	0	0	1	0	0	0	0	0

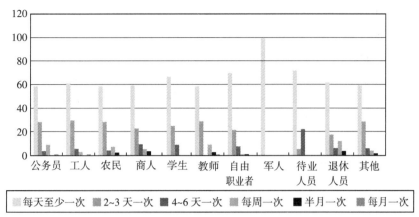

图2-38 不同职业消费者购买卷烟的频率（%）

8. 不同学历消费者购买卷烟频率

从不同学历消费者来看，小学及其以下和大专学历消费者购买频率所占比例由高到低依次是每天至少一次、2~3天一次、每周一次、4~6天一次、半月一次、每月一次。而初中、高中/大专、本科所占比例几乎类似分布，由高到低依次为，每天至少一次、2~3天一次、4~6天一次、每周一次、半月一次、每月一次。综合来看，每天至少一次占据各学历段的主要比例，均超过50%比例。具体如表2-29和图2-39所示。

随着学历的提高，每天至少一次所占比例几乎逐渐呈下降趋势，而2~3天一次所占比例几乎逐渐上升。由此可以看出，学历也是影响消费者购买卷烟频率的一个重要因素。

表2-29 不同学历消费者购买卷烟的频率（%）

	小学及以下	初中	高中/中专	大专	本科
每天至少一次	61	64	63	54	50
2~3天一次	22	26	25	32	28
4~6天一次	5	5	6	5	10
每周一次	11	4	3	8	6
半月一次	2	1	2	1	4
每月一次	1	0	0	0	2

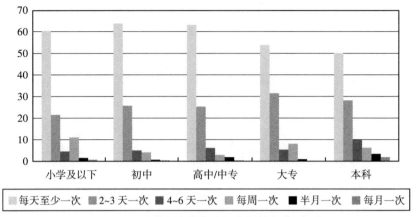

图 2-39　不同学历消费者购买卷烟的频率（%）

9. 不同烟龄消费者购买卷烟频率

从不同烟龄消费者购买卷烟频率来看，不同烟龄所有消费者购买卷烟频率主要依次均是每天至少一次、2~3 天一次。

从购买卷烟频率看，每天至少一次在 6~10 年烟龄的消费者购买卷烟频率比例最高，其值为 66%，在该烟龄之前随着烟龄的增加，消费者购买卷烟频率比例逐渐递减，然后增加。2~3 天一次在 5 年及以下烟龄的消费者购买卷烟频率比例最高，其值分别为 38% 和 48%。4~6 天一次在 11~15 年烟龄的消费者购买卷烟频率比例最高，其值均为 9%。随着烟龄的升高，每周一次消费者购买卷烟的频率逐渐增加。具体如表 2-30 和图 2-40 所示。

表 2-30　不同烟龄消费者购买卷烟的频率（%）

	2 年以下	2~5 年	6~10 年	11~15 年	16~20 年	20 年以上
每天至少一次	48	42	66	59	60	66
2~3 天一次	38	48	25	26	27	17
4~6 天一次	3	6	6	9	3	4
每周一次	0	2	2	4	8	11
半月一次	3	2	1	2	1	2
每月一次	7	0	0	0	0	1

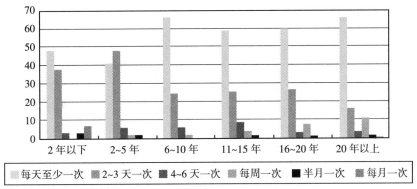

图 2-40　不同烟龄消费者购买卷烟的频率（%）

五、消费者卷烟吸食行为分析

消费者卷烟吸食行为调查涉及六个维度，包括吸烟目的、最常吸烟场所、用于卷烟月支出、购买价位、每天吸烟量及最适合消费的焦油量。

（一）卷烟消费者吸烟目的

从吸烟目的看，无意识习惯、方便社交及调节情绪缓解压力占比最大，分别为 30.6%、30% 和 19.8%，如图 2-41 所示。

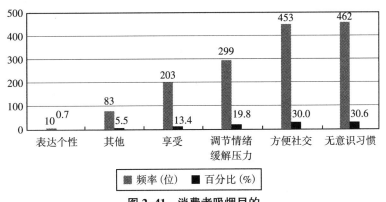

图 2-41　消费者吸烟目的

1. 不同地区消费者吸烟目的

为了分析不同地区消费者在吸烟目的的差异，针对各地区消费者在吸烟目的进行了统计。从表2-31可以看出，消费者为了调节情绪压力而吸烟在黄平、施秉、镇远、天柱、丹寨5个市（县）中所占的比例最大，其中在丹寨地区所占比例最高，占34%。出于方便社交需要，消费者吸烟比例最高的是榕江、雷山地区。就将吸烟视作享受来看，台江地区所占比值最高，占据一半。就吸烟为了表达个性来看，不同地区消费者所占比例甚小，大部分地区接近于0。

表2-31　不同地区消费者吸烟目的（%）

	凯里	黄平	施秉	三穗	镇远	岑巩	天柱	锦屏	台江	黎平	榕江	从江	雷山	麻江	丹寨	剑河
调节情绪压力	19	27	23	9	26	19	26	7	17	17	19	19	18	11	34	12
方便社交	33	33	25	32	31	19	39	25	15	27	41	31	41	26	26	32
无意识习惯	28	36	25	43	38	55	9	46	13	45	30	32	4	34	28	21
享受	10	4	13	16	4	2	13	21	50	4	4	12	22	21	9	27
表达个性	1	0	0	0	0	0	3	0	2	0	0	1	0	4	0	0
其他	9	1	15	0	1	5	9	2	2	7	6	4	16	3	2	8

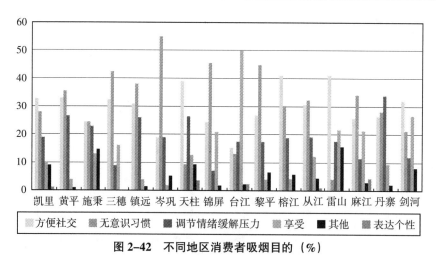

图2-42　不同地区消费者吸烟目的（%）

2. 不同年龄消费者吸烟目的

从年龄上看，消费者通过吸烟来调节情绪在25岁及其以下、36~45岁比例最高，尤其25岁及其以下占据该年龄比例28%。而出于方便社交需要选择吸烟，在 26~45 岁间比较集中，且这种需要随着年龄增长所占比例，先快速增加，后期出现缓慢下降。消费者无意识吸烟随着年龄增加，所占比例不断扩大，可能是由于长时间吸烟，进而增长了无意识习惯。将吸烟作为一种享受而言，还是在高龄群体中比较集中，尤其是老年群体。消费者为了表达个性而吸烟在年轻群体盛行（4%）。具体如表 2-32 和图 2-43 所示。

表 2-32　不同年龄消费者吸烟目的（%）

	25 岁及以下	26~35 岁	36~45 岁	46~55 岁	56~65 岁	65 岁以上
调节情绪	28	19	22	16	16	17
方便社交	26	38	38	26	13	3
无意识习惯	9	26	26	40	42	50
享受	19	9	10	13	22	22
表达个性	4	1	0	1	0	0
其他	13	7	4	4	8	8

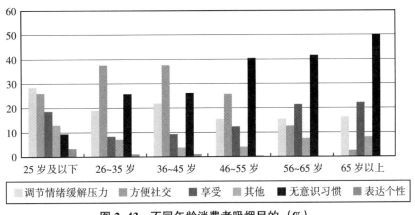

图 2-43　不同年龄消费者吸烟目的（%）

3. 不同商圈消费者吸烟目的

从不同商圈看，各商圈中的消费者为了方便社交需要而选择吸烟在商业区、文教区、办公区、旅游区以及混合区中所占比例最高，其中在商业区和办公区最高，分别为 44%、43%，可能由于在商业活动中为了建构积极的工作人际关系，消费者在自己吸烟过程中，赠他人卷烟。另外，旅游区游客可能不受吸烟场地限制或赠烟问路而建构社交关系而吸烟。商圈消费者为了调节情绪压力而选择吸烟，主要以工业区、混合区和文教区为代表。住宅区的无意识习惯吸烟目的远高于商业区。出于享受目的，住宅区和工业区所占比例18%，远高于其他商圈。就表达个性而言，工业区所占比例很高。具体如表 2-33 和图 2-44 所示。

表 2-33　不同商圈消费者吸烟目的（%）

	商业区	住宅区	文教区	办公区	工业区	旅游区	混合区
调节情绪	20	16	22	20	25	15	23
方便社交	44	27	35	43	20	33	29
无意识习惯	19	33	22	27	31	31	30
享受	9	18	8	7	18	13	11
表达个性	1	1	1	0	4	0	1
其他	7	6	12	3	2	7	6

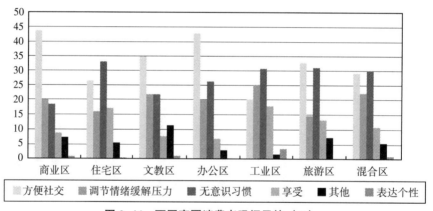

图 2-44　不同商圈消费者吸烟目的（%）

4. 不同类型消费者吸烟目的

从不同类型消费者看，城镇消费者出于方便社交需要进而吸烟远超过农村消费者。但无意识习惯所占比例在农村地区要高于城镇，而调节情绪缓解压力而吸烟比例在城镇要高于农村。乡村消费者出于享受目的吸烟要高于城镇，另外，其他和个性比例在城镇也高于乡村。就城镇具体而言，吸烟目的所占比例由高至低依次排列为：方便社交、无意识习惯、调节情绪缓解压力、享受、其他、表达个性；就农村地区而言，吸烟目的所占比例由高至低依次排列为：无意识习惯、方便社交、调节情绪缓解压力、享受、其他、表达个性。

具体如图 2-45 所示。

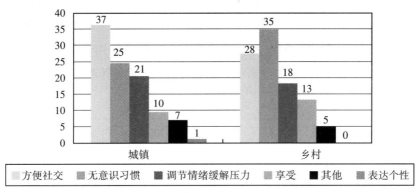

图 2-45 不同类型消费者吸烟目的（%）

5. 不同性别消费者吸烟目的

从不同性别看，男女消费者在吸烟目的之间还是具有很大差异的。尽管无意识习惯的抽烟目的在男女之间差距不大，但是出于方便社交，男性消费者所占比例要高于女性，而女性在为了调节情绪缓解压力方面高于男性。另外，通过吸烟表达个性在女性所占比例远高于男性。具体如图 2-46 所示。

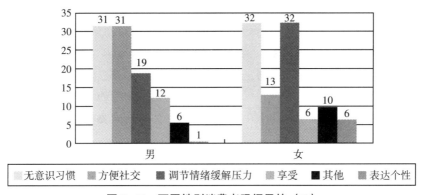

图 2-46 不同性别消费者吸烟目的（%）

6. 不同收入消费者吸烟目的

从不同消费者收入看，1000 元及以下和 1001~2000 元消费者对吸烟目的所占比例由高到低依次为：无意识习惯、调节情绪缓解压力、享受、方便社交、其他，以及表达个性。2001~3000 元消费者在无意识习惯比例最高，占 40%，所占比例最低的是表达个性，占 0%。收入在 3001~5000 元和 5000 元以上消费者在方便社交所占比例最高，在表达个性比例最低。从消费者吸烟目的而言，随着收入增加，方便社交所占比例不断加大。而无意识习惯在收入 2000 元及以下段，逐渐增加，在 2000 元以上，随着收入增加趋于下降趋势。而出于享受进行吸烟几乎随着收入的增加，所占比例逐渐下降。具体如表 2-34 和图 2-47 所示。

表 2-34　不同收入消费者吸烟目的

	1000 元及以下	1001~2000 元	2001~3000 元	3001~5000 元	5000 元以上
调节情绪缓解压力	22	23	16	17	23
方便社交	11	12	26	45	51
无意识习惯	36	46	40	20	14
享受	18	13	11	12	9
表达个性	2	0	0	1	1
其他	10	5	8	5	2

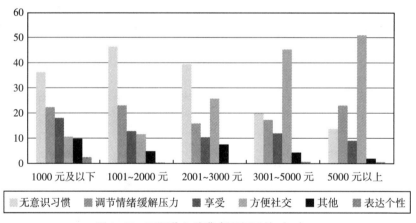

图 2-47　不同收入消费者吸烟目的（%）

7. 不同职业消费者吸烟目的

从消费者吸烟目的看，公务员、商人、自由职业者吸烟目的类似，都出自于方便社交需要，而工人、农民、军人、退休以及其他吸烟目的主要集中在无意识习惯，教师和待业都通过调节情绪缓解压力而吸烟。从不同职业消费者来看，调节情绪缓解压力、方便社交、无意识习惯在各年龄段所占比例都高于享受、表达个性和其他。具体如表 2-35 和图 2-48 所示。

表 2-35 不同职业消费者吸烟目的（%）

	公务员	工人	农民	商人	学生	教师	自由职业者	军人	待业人员	退休人员	其他
调节情绪缓解压力	24	17	20	7	25	45	18	17	28	12	18
方便社交	50	19	14	66	8	27	40	33	17	9	15
无意识习惯	16	47	42	16	25	13	30	50	22	41	32
享受	7	12	15	8	8	11	7	0	17	35	16
表达个性	1	0	1	0	8	0	0	0	0	0	1
其他	1	4	8	2	25	4	4	0	17	3	18

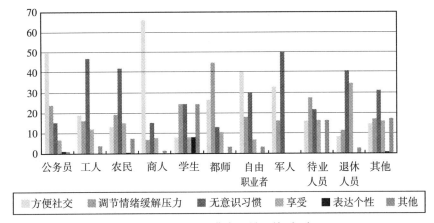

图 2-48 不同职业消费者吸烟目的（%）

8. 不同学历消费者吸烟目的

从不同学历消费者看，小学及以下学历消费者吸烟目的主要在于无意识习惯、调节情绪缓解压力；初中学历、高中/中专学历的消费者主要出于无意识习惯和方便社交而吸烟；大专和本科学历消费者主要为了方便社交和调节情绪缓解压力而吸烟。

从消费者不同吸烟目的来看，调节情绪缓解压力主要是大专和本科学历消费群体。在高中/中专及以下学历的消费者，随着学历的提高，为方便社交而吸烟比例越来越大；在高中/中专以上学历，这种需要随着学历提高而下降。因此，可以看出消费者学历水平可能是影响消费者吸烟目的之一。无意识吸烟目的随着学历层次提高，这种无意识习惯反而降低。为享受而吸烟，在初中比例最高，占

15%。表达个性仅分布初中和大专学历群体。具体如表 2-36 和图 2-49 所示。

表 2-36　不同学历消费者吸烟目的（%）

	小学及以下	初中	高中/中专	大专	本科
调节情绪缓解压力	17	17	16	24	32
方便社交	8	25	44	42	35
无意识习惯	53	36	25	19	19
享受	14	15	9	10	8
表达个性	0	1	0	1	0
其他	8	5	6	4	6

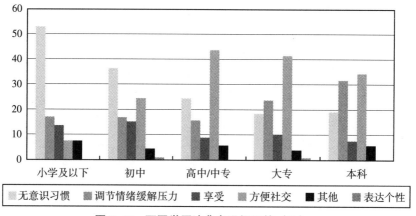

图 2-49　不同学历消费者吸烟目的（%）

9. 不同烟龄消费者吸烟目的

从不同烟龄消费者看，处于 2 年及以下的消费者主要方便社交而吸烟；2~20 年以下烟龄，除方便社交目的之外，无意识消费习惯也作为消费者吸烟考虑。20 年以上烟龄消费者这种无意识习惯所占该年龄段比例最高（46%）。从消费者不同吸烟目的来看，方便社交而吸烟在 20 年烟龄以下，随着烟龄增加，这种需求不断增加，而在 20 年烟龄以上，这种需要可能随着年龄和自身其他方面的提高，社交需要急剧降低。随着消费者长时间吸烟，烟龄增加，无意识消费习惯和享受也越来越强，但享受所增长比例明显慢于无意识习惯。同时，也可以看出，烟龄较短的消费者越愿为了表达个性而吸烟，而随着烟龄增加，这种表达个性需求会在一定的烟龄段保持稳定，到最值烟龄后这种需求也降低，进而达到冰值。具体如表 2-37 和图 2-50 所示。

表 2-37 不同烟龄消费者吸烟目的（%）

	2 年以下	2~5 年	6~10 年	11~15 年	16~20 年	20 年以上
调节情绪缓解压力	17	22	18	22	19	17
方便社交	24	32	36	34	34	19
无意识习惯	14	28	27	27	30	46
享受	14	8	11	11	12	16
表达个性	10	1	1	1	0	0
其他	21	9	8	4	5	3

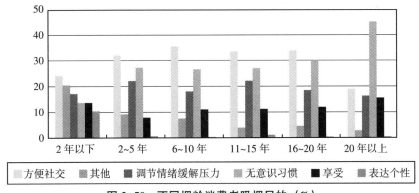

图 2-50 不同烟龄消费者吸烟目的（%）

（二）卷烟消费者吸烟场所

从最常吸烟场所看，45.1%的消费者最常吸烟场所是家里客厅，22.3%的消费者最常吸烟场所是家里阳台和洗手间，17.25%的消费者最常吸烟场所是娱乐休闲场所，具体如图 2-51 所示。

1. 不同地区消费者吸烟场所

从不同地区消费者吸烟场所看，几乎所有的地区消费者选择的吸烟场所集中在家里客厅，其次是家里阳台和洗手间、娱乐休闲场所。而办公场所楼道所占比例在各地区相对较少。在娱乐休闲场所吸烟所占比例在凯里、施秉、三穗、从江、丹寨地区比例相对较高。而在办公室吸烟所占比例主要分布于三穗、台江、黎平、麻江、丹寨地区。在家里阳台、洗手间吸烟比例主要分布在镇远、

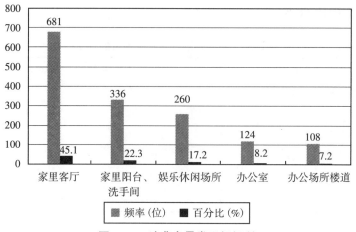

图 2-51 消费者最常吸烟场所

榕江、剑河地区。施秉和三穗消费者选择吸烟场所所占比例类似，依次为：家里客厅、娱乐休闲场所、家里阳台或洗手间、办公室、办公场所楼道，具体如表2-38 所示。

表 2-38 不同地区消费者吸烟场所 （%）

	凯里	黄平	施秉	三穗	镇远	岑巩	天柱	锦屏	台江	黎平	榕江	从江	雷山	麻江	丹寨	剑河
办公场所楼道	9	4	5	0	5	21	15	7	4	7	9	3	8	9	9	4
办公室	3	7	7	12	10	9	3	9	13	13	10	8	4	11	11	1
娱乐休闲场所	22	11	25	28	14	16	18	9	2	14	9	32	16	6	21	19
家里客厅	41	55	46	47	42	33	39	51	57	41	43	39	51	61	55	41
家里阳台、洗手间	26	23	18	13	30	22	24	25	24	25	30	19	22	13	4	35

2. 不同年龄消费者吸烟场所

从不同年龄消费者吸烟场所而言，几乎所有年龄段消费者选择吸烟场所主要集中在家里客厅。25 岁及其以下的消费者更多趋向选择娱乐休闲场所和家里客厅。而26 岁以上至 65 岁以下的消费者在选择吸烟场所类似，比例由高到低依次为：家里客厅、家里阳台和洗手间、娱乐休闲场所、办公室、办公场所楼道。而65 岁以上消费者尽管在家里客厅、家里阳台和洗手间比例较高，但年老的消费者在办公室和办公场所楼道吸烟比例达到冰点，也许是因为这些消费者本身达到相关退休年龄，进而办公室没有此年龄段的人。

就不同吸烟场所而言，随着年龄增长不断在娱乐休闲场所的比例减少，在"家里客厅"的比例增加。对选择家里阳台、洗手间抽烟的消费者而言，在 35 岁以下，随着年龄增长，对此选择不断扩大，而到 35 岁以上后，随着年龄增长，这种选择偏向不断降低。由此可以推断，年龄可能是影响消费者选择不同场所的因素之一。具体如表 2-39 和图 2-52 所示。

表 2-39　不同年龄消费者吸烟场所（%）

	25 岁及以下	26~35 岁	36~45 岁	46~55 岁	56~65 岁	65 岁及以上
办公场所楼道	6	9	9	4	6	0
办公室	6	10	10	8	2	0
娱乐休闲场所	49	23	14	16	8	6
家里客厅	28	31	43	50	67	78
家里阳台、洗手间	11	27	24	22	17	17

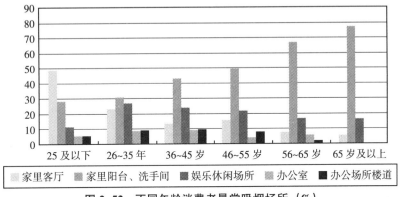

图 2-52　不同年龄消费者最常吸烟场所（%）

3. 不同商圈消费者吸烟场所

从消费者选择不同吸烟场所选择看，家里客厅成为不同商圈吸烟最理想的场所。由于个人所在环境影响，除旅游区外，家里阳台、洗手间成为不同商圈消费者吸烟倾向的第二场所。在办公场所楼道和办公室吸烟的消费者在文教区和工业区比例最高，因为两地区都具备办公功能。选择娱乐休闲场所吸烟在旅游区的比例最高（27%），其次是文教区（22%）。具体如表 2-40 和图 2-53 所示。

表2-40　不同商圈消费者吸烟场所（%）

	商业区	住宅区	文教区	办公区	工业区	旅游区	混合区
办公场所楼道	9	4	17	8	24	7	6
办公室	12	6	10	16	15	9	3
娱乐休闲场所	17	17	22	19	15	27	18
家里客厅	37	48	27	37	31	43	49
家里阳台、洗手间	25	25	23	20	16	13	25

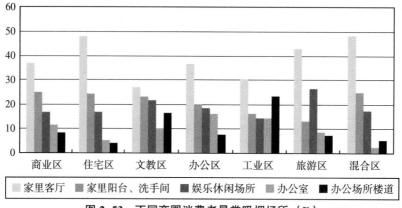

图2-53　不同商圈消费者最常吸烟场所（%）

4. 不同类型消费者吸烟场所

从城乡两种类型消费者选择吸烟场所来看，尽管家里客厅都占据很大比例，但乡村地区比例占据一半（50%），远高于城镇比例（37%）。此外，除了选择家里阳台、洗手间吸烟场所外，城镇消费者对其他场所选择（娱乐休闲场所、办公室、办公场所楼道）所占比例均高于农村。由于城乡之间的发展差距，城镇居民消费者对这些娱乐休闲场所、办公室、办公场所楼道选择远比农村多。具体如图2-54所示。

5. 不同性别消费者吸烟场所

从不同性别的消费者选择吸烟场所而言，在家里客厅抽烟的消费者在男性（46%）比例中远超于女性消费者（19%）。而女性选择家里阳台、洗手间和办公场所楼道抽烟的比例均高于男性消费者，并且在女性群体中，最喜欢选择在娱乐休闲场所吸烟（35%）。尽管男性选择办公室抽烟所占比例不是很高，但女性完全不喜欢选择在办公场所楼道吸烟（0%），可能出于女性在工作场所中对自身形

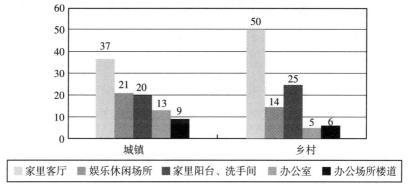

图 2-54 不同类型消费者最常吸烟场所（%）

象维护有关。总的来看，男性群体主要选择在家里客厅吸烟，当然他们可能出于工作上的压力而调节情绪释放压力，正式的工作场合也会成为吸烟选择，而女性群体更易选择在家外吸烟，娱乐休闲场所成为她们最佳选择，当然，她们也有可能出于工作压力，在办公私下场所而吸烟。具体如图 2-55 所示。

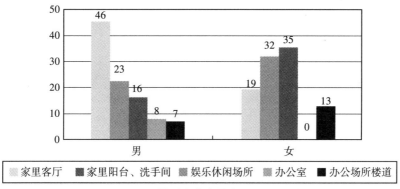

图 2-55 不同性别消费者最常吸烟场所（%）

6. 不同收入消费者吸烟场所

从不同收入消费者选择吸烟场所而言，办公室楼道吸烟的消费者在 3001~5000 元收入比例最高，比值达到 12%。而选择在办公室吸烟的消费者在 5000 以上收入比例最高。由此，可以推断 5000 元以上收入水平可能是公司重要管理人员或老板。选择娱乐休闲场所吸烟的消费者在 5000 元收入以上所占比例最高（27%），而 5000 元以下各收入水平选择吸烟场所比例相差不大，都占据十几个百分点。收入在 2000 元以下的消费者倾向于选择家里客厅吸烟。选择在家里阳台、洗手间吸烟的消费者在2000~5000元收入之间比例最高。此外，随着收入水平不断上升，消费者几乎在娱乐休闲场所吸烟比例越来越大。具体如表2-41和图2-56所示。

表2-41　不同收入消费者吸烟场所（%）

	1000元以下	1001~2000元	2001~3000元	3001~5000元	5001元以上
办公场所楼道	1	2	6	12	9
办公室	0	3	4	13	21
娱乐休闲场所	19	15	15	16	27
家里客厅	58	61	48	33	34
家里阳台、洗手间	22	19	27	26	9

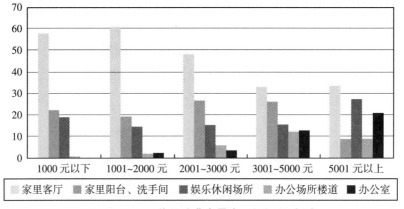

图2-56　不同收入消费者最常吸烟场所（%）

7. 不同职业消费者吸烟场所

从不同职业消费者选择吸烟场所看，工人、农民、商人、自由职业者、军人、退休人员、其他更喜欢选择在家里客厅吸烟，而公务员大多选择在办公室吸烟，教师则更喜欢在办公场所楼道吸烟。学生和待业人员类似，他们都喜欢在娱乐休闲场所吸烟。从选择办公场所楼道吸烟来看，主要以32%教师、22%工人、15%公务员为代表，而学生、军人、待业人员所占比例为零。选在办公室吸烟来看，主要以公务员（31%）、教师（16%）、其他（13%）为代表。选择在娱乐休闲场所吸烟，主要是商人、学生、自由职业者、待业人员为主。因为商人、自由职业者可能出于构建商业伙伴或洽谈生意，基于社交需要进而吸烟；学生和待业人员出于休闲娱乐需要，而选择该场所。家里客厅和家里阳台、洗手间作为不同消费群体最普遍而又私人化场所，自然作为各群体吸烟场所比例相差不大。具体如表 2-42 和图 2-57 所示。

表 2-42　不同职业消费者吸烟场所（%）

	公务员	工人	农民	商人	学生	教师	自由职业者	军人	待业人员	退休人员	其他
办公场所楼道	15	22	1	4	0	32	4	0	0	3	6
办公室	31	8	1	9	0	16	4	0	0	0	13
娱乐休闲场所	17	16	8	27	67	6	26	17	56	6	19
家里客厅	11	31	67	38	33	21	45	50	33	59	38
家里阳台、洗手间	25	24	23	23	0	26	21	33	11	32	24

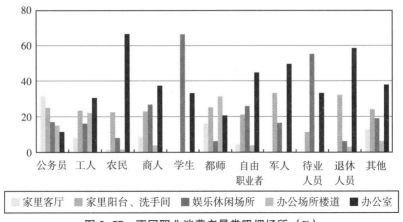

图 2-57　不同职业消费者最常吸烟场所（%）

8. 不同学历消费者吸烟场所

从不同学历消费者对吸烟场所而言，在高中/中专及其以下学历的消费者主要选择在家里客厅吸烟，其中小学及其以下所占比例最高（71%），其次是家里阳台、洗手间。而在高中/中专以上学历消费者在选择各吸烟场所比例差异越来越小。随着学历的不断提高，选择在家里客厅吸烟所占比例不断降低，选择家庭阳台、洗手间和娱乐休闲场所的比例在高中/中专学历以下，随着学历水平提高，所占比例不断增加，但在高中/中专以上学历水平，这种选择所占比例将逐渐减少。而选择在办公室、办公室楼道吸烟尽管所占各学历比例不大，但随着学历水平提高，他们比例不断增大。具体如表 2-43 和图 2-58 所示。

表 2-43　不同学历消费者吸烟场所（%）

	小学及以下	初中	高中/中专	大专	本科
办公场所楼道	1	5	5	16	20
办公室	0	3	7	19	26
娱乐休闲场所	12	17	20	16	17
家里客厅	71	51	43	26	19
家里阳台、洗手间	17	24	26	23	19

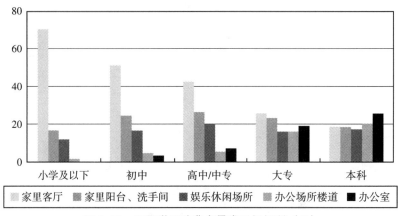

图 2-58　不同学历消费者最常吸烟场所（%）

9. 不同烟龄消费者吸烟场所

从不同烟龄消费者对吸烟选择来看，6~10 年的烟龄消费者选择不同场所吸烟差异并不大，而 10 年以上烟龄消费者在选择不同吸烟场所差距越来越大。随着烟龄不断增加，选择在家里客厅吸烟的比例逐步增长，而选择家里阳台、洗手间吸烟所占比例随着烟龄增长变化并不大。相反，选择在娱乐休闲场所吸烟逐步减少，甚至出现回落的趋势。具体如表 2-44 和图 2-59 所示。

表 2-44　不同烟龄消费者吸烟场所（%）

	2 年以下	2~5 年	6~10 年	11~15 年	16~20 年	20 年以上
办公场所楼道	14	9	8	8	5	5
办公室	3	7	7	12	7	6
娱乐休闲场所	24	28	22	16	9	11
家里客厅	34	31	37	42	54	58
家里阳台、洗手间	24	25	25	22	24	19

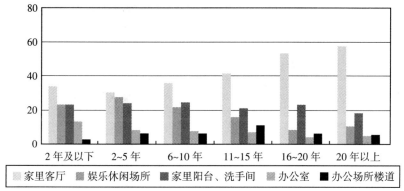

图 2-59　不同烟龄消费者最常吸烟场所（%）

（三）卷烟消费者月支出

从消费者用于卷烟月支出分布图来看，如图 2-60 所示，30.1% 的消费者卷烟月支出在 301~500 元，25% 的消费者卷烟月支出在 201~300 元，21.7% 的消费者卷烟月支出在 501 元以上。取各组月支出的中位数与其对应的频率相乘，可得出黔东南州当前用于卷烟消费月支出平均值为 373 元。

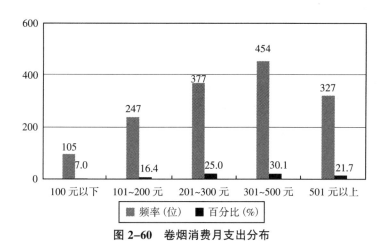

图 2-60　卷烟消费月支出分布

1. 不同地区消费者月支出

从不同地区消费者吸烟月支出来看，岑巩、丹寨地区的消费者吸烟月支出比例随着支出的增加而增加。而黄平、镇远、锦屏、台江、黎平、榕江、从江、剑河地区的消费者在吸烟月支出比例上呈现相同特征，先随着支出的增加而增加，在月支出为 500 元以上比例减少。总的看来，各地区消费者吸烟月支出在 100 元以下的比例要低于其他支出的比例。具体如表 2-45 和图 2-61 所示。

表 2-45　不同地区消费者月支出（%）

	凯里	黄平	施秉	三穗	镇远	岑巩	天柱	锦屏	台江	黎平	榕江	从江	雷山	麻江	丹寨	剑河
501 元以上	21	24	23	21	25	50	18	23	17	11	20	25	14	16	47	13
301~500 元	26	27	23	28	27	31	39	42	37	38	31	31	14	26	26	36
201~300 元	33	22	18	18	25	10	24	19	20	27	30	26	47	20	21	21
101~200 元	14	18	25	22	17	9	8	14	20	18	11	16	25	30	6	19
100 元以下	5	9	11	12	6	0	10	2	7	6	7	3	0	9	0	11

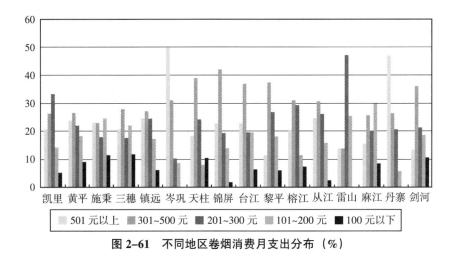

图 2-61　不同地区卷烟消费月支出分布（%）

2. 不同年龄消费者月支出

从不同年龄段消费者吸烟月支出而言，45 岁以下的消费群体吸烟月支出在 301~500 元比例均最高。而 56 岁以上消费群体吸烟月支出比例主要集中在 101~200 元水平。200 元以下吸烟月支出比例在 35 岁年龄段以下，所占比例不断下降，超过 35 岁年龄段后，随着消费者年龄的增长而所占比例也不断增加。而 201~300 元吸烟月支出比例，随着年龄的增加，大致历经先缓慢减少，而后短暂增加，再逐渐降低。类似地，301~500 元吸烟月支出比例，也历经小规模缓慢增长，而后逐渐呈下降趋势。具体如表 2-46 和图 2-62 所示。

表2-46 不同年龄消费者月支出（%）

	25岁及以下	26~35岁	36~45岁	46~55岁	56~65岁	65岁及以上
501元以上	8	26	26	20	12	11
301~500元	34	33	37	26	17	6
201~300元	28	26	22	31	22	14
101~200元	26	12	12	16	29	44
100元以下	4	3	3	7	20	25

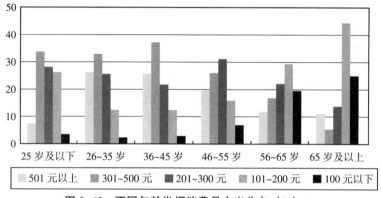

图2-62 不同年龄卷烟消费月支出分布（%）

3. 不同商圈消费者月支出

从不同商圈消费者吸烟月支出看，就"商业区"而言，吸烟月花费501元以上所占比例最高（39%）。而住宅区、文教区、办公区、旅游区、混合区的消费者月花费301~500元占据比例均为最高，依次为32%、36%、36%、46%、26%。总的来看，200元以下的消费支出在各商圈所占比例明显低于200元及其以上月支出。具体如表2-47和图2-63所示。

表2-47 不同商圈消费者月支出（%）

	商业区	住宅区	文教区	办公区	工业区	旅游区	混合区
501元以上	39	15	27	33	33	18	19
301~500元	28	32	36	36	29	46	26
201~300元	18	27	21	23	25	22	26
101~200元	10	20	12	6	11	4	19
100元以下	6	6	4	2	2	9	10

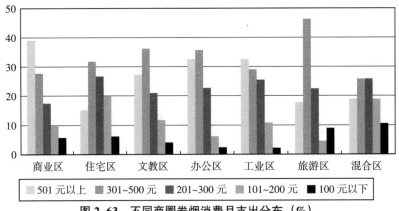

图 2-63　不同商圈卷烟消费月支出分布（%）

4. 不同类型消费者月支出

从不同类型消费者月支出看，城镇地区消费者高月支出水平明显高于乡村，而乡村在消费者低月消费水平比例中占据优势。具体而言，300 及其以上月支出比例，城镇高于农村，300 元以下月支出比例，乡村高于城镇。就其城镇而言，高月消费占据城镇比例一大半，而乡村则中高消费占据比例大。具体如图 2-64 所示。

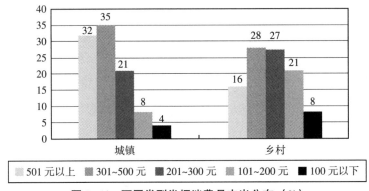

图 2-64　不同类型卷烟消费月支出分布（%）

5. 不同性别消费者月支出

就性别而言，男性在吸烟月消费水平上所占比例高低依次是：301~500 元（30%）、201~300 元（25%）、501 元以上（22%）、101~200 元（16%）、100 元以下（6%）。而女性在吸烟消费水平上所占比例由高到低依次是：301~500 元

（42%）、101~200 元（19%）、201~300 元（16%）、501 元以上（13%）、100 元以下（10%）。对比看，吸烟月消费支出在 501 元以上所占男性比例（22%）要高于女性所占比例（13%）；女性在月收入 301~500 元所占比例高于男性。具体如图 2-65 所示。

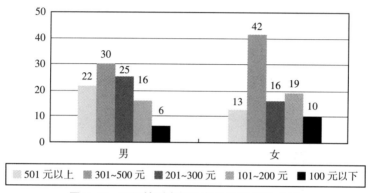

图 2-65 不同性别卷烟消费月支出分布（%）

6. 不同收入消费者月支出

从不同收入消费者月支出来看，1000 元以下收入消费水平，吸烟月消费支出主要集中在 100 元以下，占 45%；而 1000~2000 元收入水平的消费者，吸烟月支出主要集中在 101~200 元，占 39%；2001~3000 元收入水平消费者，吸烟月支出在 201~300 元所占比例最高，39%；3001~5000 元收入水平消费者，吸烟月支出在 301~500 元所占比例最高，占 42%；5001 元以上收入水平消费者，吸烟月支出在 501 元所占比例最高，占 70%。100 元以下的月消费支出随着收入增加而不断减少。从吸烟月消费支出所占比例来看，随着收入水平层级的增长，消费者月收入水平最高比例也阶段性上调。此外，最高吸烟月消费支出（501 元以上）所占比例，大致随着收入增加而上调；最低收入吸烟月消费支出（100 元以下）所占比例，随着收入增加而下降。可以看出，消费者个人收入也是影响吸烟月支出大小的重要因素。具体如表 2-48 和图 2-66 所示。

7. 不同职业消费者月支出

从不同职业消费者月支出而言，501 元以上群体主要集中在公务员、商人、军人群体之中，其中军人所占比例最高（67%），其次为公务员（51%）。301~500 元消费支出主要集中在自由职业者、教师、退休人员、其他职业群体。201~

表 2-48　不同收入消费者月支出（%）

	1000 元以下	1001~2000 元	2001~3000 元	3001~5000 元	5001 元以上
501 元以上	6	4	10	31	70
301~500 元	11	15	36	42	24
201~300 元	10	32	39	19	5
101~200 元	29	39	14	7	1
100 元以下	45	9	1	1	1

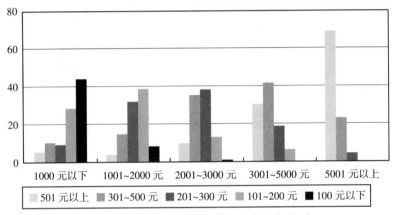

图 2-66　不同收入卷烟消费月支出分布（%）

300 元消费支出在学生、待业人员、退休人员、工人群体中普遍。101~200 元消费支出主要集中农民、待业人员。而 100 元以下在商人、军人、退休人员中几乎为零。具体如表 2-49 和图 2-67 所示。

表 2-49　不同职业消费者月支出（%）

	公务员	工人	农民	商人	学生	教师	自由职业者	军人	待业人员	退休人员	其他
501 元以上	51	21	5	43	0	38	17	67	0	15	22
301~500 元	38	36	18	31	8	41	43	17	17	38	38
201~300 元	10	32	28	19	50	15	29	17	39	35	25
101~200 元	1	9	35	6	17	4	8	0	28	12	13
100 元以下	1	2	14	0	25	2	4	0	17	0	3

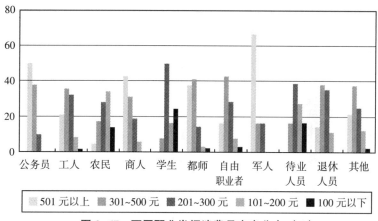

图 2-67 不同职业卷烟消费月支出分布（%）

8. 不同学历消费者月支出

从不同学历消费者月支出来看，小学及其以下学历的消费者的月消费支出在101~200 元中所占比例最高（35%）。初中学历的消费者的月消费支出在201~300元中占比例最高（33%）。高中/中专和大专学历的消费者在301~500 元的月消费支出占据比例最高，均为36%、42%。本科学历的消费者在501 元以上消费水平，占据比例一半。具体如表 2-50 和图 2-68 所示。

随着学历提高，501 元以上月消费支出不断增加，而 200 元以下的月消费支出不断减少。从300~500 元月吸烟消费支出而言，随着学历增加，所占比例先增加而后下降。由此，可以推断学历可能是影响消费者月消费支出重要因素。

9. 不同烟龄消费者月支出

从消费者月支出来看，月支出在 100 元以下消费者购买卷烟在 20 年以上烟龄比例最高，其值为 14%，在该烟龄之前随着烟龄的增加考虑消费月支出的比例

表 2-50 不同学历消费者月支出（%）

	小学及以下	初中	高中/中专	大专	本科
501 元以上	4	10	29	37	50
301~500 元	9	29	36	42	35
201~300 元	22	33	26	17	8
101~200 元	35	23	9	4	4
100 元以下	29	4	1	0	4

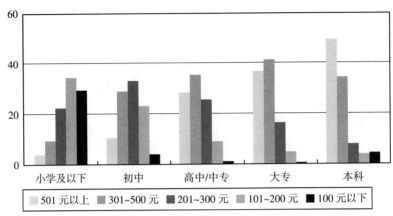

图 2-68 不同学历卷烟消费月支出分布（%）

逐渐递减。月支出 301~500 元在 20 年烟龄以下的消费者购买卷烟影响比例最高。月支出在 201~300 元随着烟龄增加，大致经历先增加后减少。具体如表 2-51 和图 2-69 所示。

表 2-51 不同烟龄消费者月支出（%）

	2 年以下	2~5 年	6~10 年	11~15 年	16~20 年	20 年以上
501 元以上	14	13	20	28	24	22
301~500 元	28	38	31	35	31	22
201~300 元	24	27	29	23	26	20
101~200 元	24	16	15	12	17	21
100 元以下	10	7	5	2	2	14

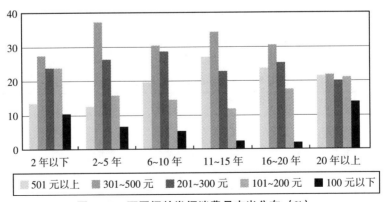

图 2-69 不同烟龄卷烟消费月支出分布（%）

（四）卷烟消费者吸食价位

卷烟消费价位直接影响卷烟结构与总销售额。根据调查情况及统计规律，卷烟消费价位分布图应呈正态分布，即在某一价位人数（或者比例）最多，然后从此价位向两边逐渐递减。根据卷烟吸食价位统计分布图来看，如图 2-70 所示，分布图近似呈"钟形"分布。从消费市场角度来说，该分布图也表明，6 元以下的价位消费者有部分可以转化为 6~9 元的价位，15~30 元、60~80 元的价位消费者也有向高价位转化的潜力。这种消费结构的提升需要合理的卷烟供给结构及精准的市场投放。

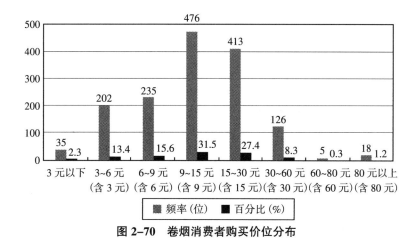

图 2-70 卷烟消费者购买价位分布

取各组购买价位的中位数与其对应的频率相乘，可得出黔东南州当前卷烟消费者平均购买价位为 16.8 元。

1. 不同地区消费者吸烟价位

为了分析不同地区消费者对卷烟价位是否具有不同的接受度，针对各地区消费者在不同价位吸烟进行了统计。从表 2-52 中可以看出，30~60 元价位在不同地区所占比例远高于 6 元以下、60 元以上价位，出现吸烟价位在各地区比例"中间高、两头低"特点。具体来看，9~15 元（含 9 元）吸烟价位在凯里、三穗、天柱、锦屏、台江、黎平、榕江、从江、雷山、麻江、丹寨、剑河 12 个市（县）中所占的比例最大。天柱、从江麻江 3 个市（县）中吸烟价位选择所占的比例达到 40 及以上。高档位的吸烟价位（60 元以上）从不同地区来看，仅在少量分布于施秉、榕江、从江地区。而低档位吸烟价位（3元以下）比例在施秉、剑河地区出现零星分布。具体如表2-52和图2-71所示。

表2-52　不同地区消费者吸烟价位（%）

	凯里	黄平	施秉	三穗	镇远	岑巩	天柱	锦屏	台江	黎平	榕江	从江	雷山	麻江	丹寨	剑河
3元以下	1	2	7	4	2	0	2	0	4	0	2	4	0	1	0	9
3~6元	6	14	20	21	9	5	11	9	9	21	11	10	22	20	15	9
6~9元	22	18	28	22	15	0	15	12	20	8	23	8	25	11	17	13
9~15元	32	25	18	31	27	21	44	37	33	36	30	40	29	44	21	29
15~30元	30	30	20	13	36	62	24	35	24	25	27	23	18	21	36	23
30~60元	9	6	3	9	7	10	2	7	11	11	6	11	6	1	11	15
60~80元	0	0	3	0	0	0	1	0	0	0	1	1	0	1	0	0
80元以上	1	6	2	0	4	2	0	0	0	0	1	4	0	1	0	1

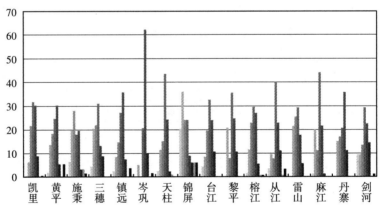

图2-71　不同地区消费者吸烟价位分布（%）

2. 不同年龄消费者吸烟价位

从年龄上看，55岁以下消费者吸烟价位主要分布9~15元（含9元），其次是15~30元（含15元）价位；55岁以上消费者偏好在3~6元（含3元）价位比例最高，其次是6~9元（含6元）吸烟价位。

由表 2–53 可以看出，随着年龄的增加，3 元以下、3~6 元（含 3 元）、6~9 元（含 6 元）选择比例先是逐渐下降，至 36~45 岁以后，开始快速上升。9~15 元（含 9 元）增长趋势与 9 元以下吸食价位类似，先后经历下降趋势，但随后缓慢增长，但在 56~65 岁消费群体中出现下滑。

表 2–53　不同年龄消费者吸烟价位（%）

	25 岁及以下	26~35 岁	36~45 岁	46~55 岁	56~65 岁	65 岁及以上
3 元以下	4	1	0	3	4	19
3~6 元	6	7	7	14	38	33
6~9 元	13	10	13	21	25	25
9~15 元	47	39	33	27	22	8
15~30 元	26	34	34	24	7	14
30~60 元	4	8	10	9	3	0
60~80 元	0	0	1	0	0	0
80 元以上	0	1	1	2	1	0

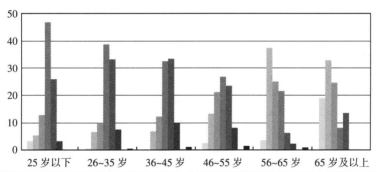

图 2–72　不同年龄消费者吸烟价位分布（%）

3. 不同商圈消费者吸烟价位

从不同商圈来看，各商圈中的消费者吸烟价位在 9~15 元（含 9 元）、15~30 元（含 15 元）选择比例最高，其中住宅区、工业区及旅游区、混合区选择比例在 9~15 元（含 9 元）达到 30% 以上。文教区、办公区均在 15~30 元（含 15 元）选择比例上达到 44%。在商业区、文教区、办公区中，15~30 元（含 15 元）吸烟价位比例最高，其次是 9~15 元（含 9 元）、6~9 元（含 6 元）。而在住宅区、工业区、混合区，9~15 元（含 9 元）的吸烟比例要高于 15~30 元（含 15 元）比例水平。此外，相对于其他消费吸烟价位而言，低档价位（6 元以下）和高档价位（60 元以上）在各商圈所占比例甚小。低档价位比例在混合区居多，而高档价位比例则在商业区和工业区较多。具体如表 2-54 和图 2-73 所示。

表 2-54　不同商圈消费者吸烟价位（%）

	商业区	住宅区	文教区	办公区	工业区	旅游区	混合区
3 元以下	2	2	3	1	0	0	7
3~6 元	4	13	4	4	7	10	16
6~9 元	15	21	9	14	13	12	19
9~15 元	28	36	23	21	31	34	31
15~30 元	32	21	44	44	27	33	22
30~60 元	14	5	16	14	16	10	3
60~80 元	1	0	0	1	2	0	1
80 元以上	5	1	1	2	4	0	1

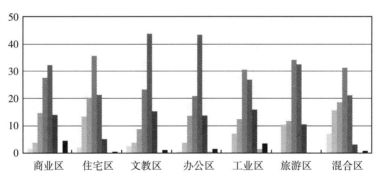

图 2-73　不同商圈消费者吸烟价位分布（%）

4. 不同类型消费者吸烟价位

从不同类型消费者吸烟价位总体而言，城镇消费者在香烟价位选取上除低端价位（15 元以下）所占比例低于乡村，其他中高档吸烟价位所占比例均高于乡村。说明了城镇消费者之间的差异，农村中消费者更多愿意吸低档卷烟；而城镇消费者更多倾向高档香烟选择。

从城镇消费者在吸烟价位选取上看，所占比例由高到低依次为：15~30 元（含 15 元）、9~15 元（含 9 元）、30~60 元（含 30 元），而农村消费者更多倾向于选择 9~15 元（含 9 元），除了 3 元以下和 30 元以上少量选择以及 60 元以上无选取外，其他吸烟价位比例相差不大。具体如图 2-74 所示。

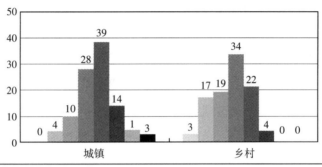

图 2-74 不同类型消费者吸烟价位分布（%）

5. 不同性别消费者吸烟价位

从不同性别消费者来看，男性消费者在吸烟价位选择偏好比例依次是：9~15 元（含 9 元）、15~30 元（含 15 元）、6~9 元（含 6 元）、3~6 元（含 3 元）、30~60 元（含 30 元）、3 元以下、80 元以上（含 80 元）；女性消费者在吸烟价位选择偏好比例依次是：15~30 元（含 15 元）、9~15 元（含 9 元）、3~6 元（含 3 元）或 30~60 元（含 30 元）。此外，男女消费者在高档吸烟价位的香烟选取上，尽管存在略小区别，但总体而言，女性群体在高档吸烟价位选择比例略高于男性，而在低档吸烟价位比例要低于男性，甚至低吸烟价位不在她们考虑范围之内。具体如图 2-75 所示。

6. 不同收入消费者吸烟价位

从不同收入消费者吸烟价位来看，1000 元以下消费者在 3~6 元（含 3 元）选择吸烟价位比例（47%）最高，其次是 6~9 元（含 6 元）（19%）、3 元以下（17%）。1001~2000 元消费者在 6~9 元（含 6 元）选择吸烟价位最高（35%），其次是 3~6 元（含 3 元）（31%）。收入在 2001~3000 元的消费者，更多选择 9~15

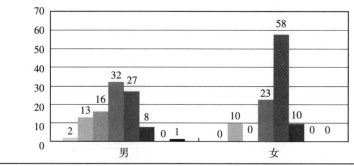

图 2-75　不同类别消费者吸烟价位分布（%）

元（含 9 元）吸烟价位上，占据比例一半多（51%）。收入在 3001~5000 元的消费者吸烟价位更多集中在 15~30 元（含 15 元），比例为 51%。而 5001 元以上消费者，更多集中在 15~30 元（含 15 元）占 36%，其次是 30~60 元（含 30 元）占据 32%。从不同消费者吸烟价位来看，随着收入的不断增加，6 元价位以下消费者所占比例不断降低，且要比 3 元以下下降幅度小。15~60 元吸烟价位随着收入的增加大致增加。60 元以上吸烟价位的消费者基本上主要来自 3000 元以上高收入群体，在其他收入水平上比例基本为零。可以得出不同消费者对不同吸烟价位的选择，与收入有很大的关联。具体如表 2-55 所示。

表 2-55　不同收入消费者吸烟价位（%）

	1000 元以下	1001~2000 元	2001~3000 元	3001~5000 元	5001 元以上
3 元以下	17	2	1	1	0
3~6 元	46	31	7	2	1
6~9 元	19	35	20	5	3
9~15 元	14	25	51	29	16
15~30 元	4	6	20	51	36
30~60 元	0	1	2	12	32
60~80 元	0	0	0	0	2
80 元以上	0	0	0	1	10

7. 不同职业消费者吸烟价位

从不同职业来看，公务员、教师、军人、其他职业的吸烟价位选择类似，主要集中 15~30 元（含 15 元）价位，选择比例均高于 40% 以上。在其他吸烟价位主要选择上，公务员选择依次为 30~60 元（含 30 元）、9~15 元（含 9 元）；教师的吸烟价位其次为 15~30 元（含 15 元）；9~15 元（含 9 元）价位均成为军人和其他职业的次要选择。工人、学生、自由职业者、待业人员、退休人员的选择吸烟价位主要集中在 9~15 元（含 9 元），选择比例均高于 40%，其中学生群体在占该群体比例最高（58%），其次是退休群体（56%）。同时，农民在 6~9 元（含 6元）吸烟价位所占比例高于该价位的其他群体比例。商人群体的吸烟价位主要集中于 9~30 元，其他价位所占比例很低，甚至达到"零比例"。具体如表 2-56 和图 2-76 所示。

表 2-56　不同职业消费者吸烟价位（%）

	公务员	工人	农民	商人	学生	教师	自由职业者	军人	待业人员	退休人员	其他
3 元以下	1	1	5	0	17	1	0	0	0	0	0
3~6 元	1	4	31	1	0	0	4	0	33	0	9
6~9 元	2	12	34	3	8	0	13	0	6	12	8
9~15 元	14	48	25	32	58	34	40	33	44	56	33
15~30 元	53	27	4	35	17	61	37	50	17	26	47
30~60 元	27	7	0	20	0	4	6	17	0	6	4
60~80 元	1	1	0	1	0	0	0	0	0	0	0
80 元以上	1	0	0	7	0	0	1	0	0	0	0

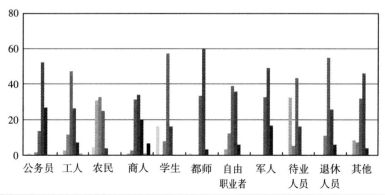

图 2-76　不同职业消费者吸烟价位分布（%）

8. 不同学历消费者吸烟价位

从不同学历消费者看，小学及以下学历的消费者在吸烟价位选择上依次为3~6 元（含 3 元）（48%）、6~9 元（含 6 元）（29%）、3 元以下（11%）等。初中学历的消费者在吸烟价位选择上依次为 9~15 元（含 9 元）（42%）、6~9 元（含 6 元）（26%）、15~30 元（含 15 元）（15%）。高中及其中专以上学历消费者在 15~30 元（含 15 元）价位占据最高比例，其次除本科学历消费者在 9~15 元（含 9 元）和 30~60 元（含 30 元）占据一样比例（18%）外，本科以下学历的消费者吸烟价位选择依次为：9~15 元（含 9 元）、30~60 元（含 30 元）。对于低学历的消费者群体而言，消费者选择主要集中较低的吸烟价位；而对于高学历消费者而言，中间吸烟价位的居多。

消费者对 3~9 元吸烟价位选择比例，随着学历的提升而增加。而对于 30~60元（含 30 元）价位选择比例，随着学历提升而减少。由此可以推断，学历越低的人，他们可能在吸烟时，可能更加注重价格，而随着他们学历提升，他们可能更加看重其他目的（如满足社交需要、健康需要、地位身份等），而减弱对价格考虑。进而可以推测，学历也是影响吸烟价位选择的一个重要因素。具体如表2-57 和图 2-77 所示。

表 2-57　不同学历消费者吸烟价位（%）

	小学及以下	初中	高中/中专	大专	本科
3 元以下	11	1	0	0	2
3~6 元	48	13	4	2	0
6~9 元	29	26	9	3	1
9~15 元	8	42	37	29	18
15~30 元	2	15	35	49	58
30~60 元	1	2	12	16	18
60~80 元	0	0	1	0	0
80 元以上	0	0	2	1	4

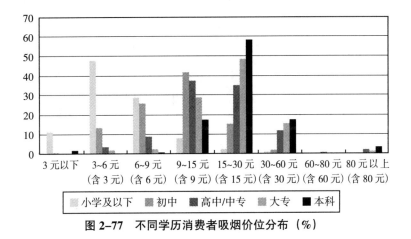

图 2-77 不同学历消费者吸烟价位分布 （%）

9. 不同烟龄消费者吸烟价位

从不同烟龄消费者看，20 年以下烟龄段的消费者吸烟价位选择主要集中在 9~15 元（含 9 元）、15~30 元（含 15 元），20 年以上烟龄段的消费者吸烟价位则集中在 3~6 元（含 3 元）。6~9 元（含 6 元）吸烟价位所占比例随着烟龄增加而增加。而 30~60 元（含 30 元）吸烟价位，先随着烟龄增加而增加，当烟龄达到 11~15 年后，而逐年减少，而 60 元及其以上价位大致随着烟龄的增加而逐渐增加。具体如表 2-58 和图 2-78 所示。

表 2-58 不同烟龄消费者吸烟价位 （%）

	2 年以下	2~5 年	6~10 年	11~15 年	16~20 年	20 年以上
3 元以下	14	1	1	1	2	4
3~6 元	14	6	13	7	9	24
6~9 元	10	13	13	15	17	22
9~15 元	38	38	39	31	31	21
15~30 元	17	33	25	33	32	21
30~60 元	7	7	9	11	7	5
60~80 元	0	0	0	0	1	1
80 元以上	0	1	0	2	2	2

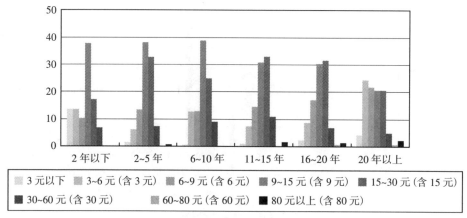

图 2-78　不同烟龄消费者吸烟价位分布（%）

（五）卷烟消费者吸烟量

吸烟量也是影响卷烟销售额的重要原因之一，从抽样调查情况看，这两年吸烟量分布近似于正态分布，吸烟量在 11~20 支的消费者比例最高，如图 2-79 所示。

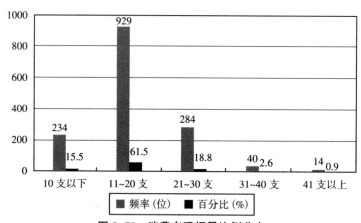

图 2-79　消费者吸烟量比例分布

取各组每天吸烟量的中位数与其对应的百分比相乘，可得出黔东南州当前平均每天吸烟量为 16.02 支。

1. 不同地区消费者吸烟量

从不同地区消费者吸烟量来看，每天吸食 11~20 支烟量在各地区所占比例最高，尤其是黄平、镇远、锦屏 3 个地区，所占比例达到 70% 以上水平。10 支以下吸烟量所占比例主要分布在凯里、岑巩、黎平、剑河 4 个地区。而 21~30 支吸烟量所占比例主要分布在三穗、天柱、丹寨 3 地，其中三穗所占比例最高。而对于 31~40 支吸烟量，虽主要分布在施秉、三穗、丹寨地区，但在各地区所占比例不大。就 41 支以上吸烟量而言，大部分地区（镇远、岑巩、天柱、锦屏、榕江等地区）消费者并没有如此大的吸烟量，仅凯里、施秉、台江等地区少量分布。具体如表 2-59 和图 2-80 所示。

表 2-59 不同地区消费者吸烟量（%）

	凯里	黄平	施秉	三穗	镇远	岑巩	天柱	锦屏	台江	黎平	榕江	从江	雷山	麻江	丹寨	剑河
10 支以下	20	11	8	10	14	19	11	9	13	20	21	11	8	14	4	36
11~20 支	58	71	67	47	77	55	57	72	63	68	61	67	67	61	64	47
21~30 支	17	12	15	34	9	26	30	16	17	9	16	18	20	23	26	17
31~40 支	2	6	8	7	1	0	1	4	4	1	2	3	4	1	6	0
41 支以上	3	1	2	1	0	0	0	0	2	1	0	1	2	0	0	0

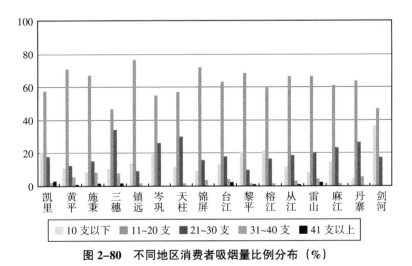

图 2-80 不同地区消费者吸烟量比例分布（%）

2. 不同年龄消费者吸烟量

从不同年龄消费者吸烟量来看，几乎每个年龄段的消费者吸烟量都集中在每日吸 11~20 支，其比例在各年龄段几乎都达到 60%，且所有不同年龄消费者吸

11~20 支的比例均高于吸烟量在各年龄段之间比例。

65 岁及其以上消费者有 72%认为每日吸 11~20 支，这一比例在各年龄阶段所占比例最高。10 支以下的吸烟量在 25 岁及其以下所占比例最高，随着年龄增长，比例并不断下降，但在 65 岁及其以上年龄段出现回升现象，消费者在年轻时候吸烟，随着年龄增加，烟龄增长，吸烟量也逐渐增加，达到老年，出于身体健康需要，减小吸烟量。对于 26~45 年龄段的消费者而言，他们的吸烟量所占比例由高到低依次为：11~20 支、10 支以下、21~30 支，31 支以上烟量鲜见。对于 46~65 岁年龄段的消费者而言，他们的吸烟量所占比例由高到低依次为：11~20 支、21~30 支、10 支以下，同样 31 支以上烟量也鲜见。具体如表 2-60 和图 2-81 所示。

表 2-60　不同年龄消费者吸烟量（%）

	25 岁及以下	26~35 岁	36~45 岁	46~55 岁	56~65 岁	65 岁及以上
10 支以下	25	20	17	12	8	14
11~20 支	64	65	62	58	65	72
21~30 支	11	13	18	25	19	8
31~40 支	0	1	2	4	7	6
41 支以上	0	0	1	1	1	0

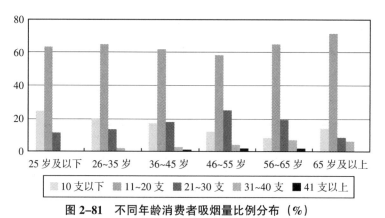

图 2-81　不同年龄消费者吸烟量比例分布（%）

3. 不同商圈消费者吸烟量

从不同商圈消费者吸烟量看，几乎所有商圈消费者的吸烟量都集中在 11~20 支，其比例几乎在各商圈均达到 60%。且所有商圈消费者选择 11~20 支的比例均高于其他吸烟量。

10 支以下和 21~30 支吸烟量多的消费者在各商圈中比例近乎一致。除了旅游区外，31~40 支吸烟量的消费者在各商圈比例甚小，有的商圈（旅游区）达到冰点。吸烟量在 41 支以上的消费者在各商圈比例极低，大多约占 1 个百分点，其中文教区和工业区比例为零。具体如表 2-61 和图 2-82 所示。

表 2-61　不同商圈消费者吸烟量（%）

	商业区	住宅区	文教区	办公区	工业区	旅游区	混合区
10 支以下	16	16	19	16	16	18	17
11~20 支	59	60	61	65	55	63	63
21~30 支	19	20	17	17	22	18	17
31~40 支	5	3	3	2	7	0	2
41 支以上	2	1	0	1	0	1	1

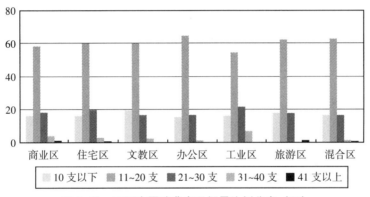

图 2-82　不同商圈消费者吸烟量比例分布（%）

4. 不同类型消费者吸烟量

从不同类型消费者吸烟量来看，城镇和农村消费者吸烟量所占大同小异。吸烟量 11~20 支（城镇占 59%；农村占 64%）均占各自最高百分比，且吸烟量 41 支以上的消费者在城镇和农村比例一样（1%）。

就差异而言，消费者 11~20 支吸烟量中，城镇居民消费者所占比例（59%）要低于农村（64%），但 10 支以下吸烟量比例上，城镇消费者所占比例（20%）要高于农村（13%）。具体如图 2-83 所示。

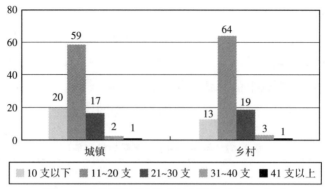

图 2-83　不同类型消费者吸烟量比例分布（%）

5. 不同性别消费者吸烟量

就不同性别消费者吸烟量而言，11~20 支的男女消费群体所占各自的最高比例。10 支以下女性消费群体所占比例（29%）高于男性群体（15%），近似其比例的 2 倍。21~30 支男性消费者所占比例要高于女性比例，且在 31~40 支男女所占各自群体比例相同。而 41 支以上的吸烟量仅存在于男性消费者群体，但女性其他吸烟量所占比例均高于男性消费者所占比例。由此可以看出，男女消费者在吸烟量上存在差异。具体如图 2-84 所示。

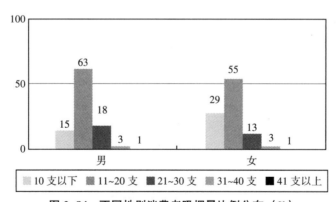

图 2-84　不同性别消费者吸烟量比例分布（%）

6. 不同收入消费者吸烟量

从不同收入消费者吸烟量来看，11~20 支吸烟量在各收入阶段所占比例均为最高。除了 10 支以下吸烟量在收入 1000 元以下所占比例其次外，消费者吸烟量几乎在其他收入阶段中所占比例由高到低依次为 21~30 支、10 支以下、31~40

支、41 支以上。

随着消费者收入增加，10 支以下所占比例先减少再缓慢上升。11~20 支所占比例随着收入增加逐渐减少，而 21~30 支所占比例随着收入的增加而增加。尽管 31 支以上吸烟量在各收入段所占比例不高，但也有着随着收入提高而缓慢增长的趋势。因而，可以看出，不同收入水平也影响到消费者吸烟量。具体如表 2-62 和图 2-85 所示。

表 2-62　不同收入消费者吸烟量（%）

	1000 元以下	1001~2000 元	2001~3000 元	3001~5000 元	5001 元以上
10 支以下	23	14	15	15	16
11~20 支	67	65	63	62	55
21~30 支	7	18	18	19	24
31~40 支	2	2	3	3	3
41 支以上	0	1	1	1	3

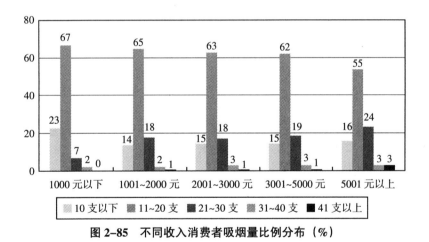

图 2-85　不同收入消费者吸烟量比例分布（%）

7. 不同职业消费者吸烟量

从职业看，公务员、工人、学生、待业人员、其他职业的吸烟量主要集中 11~20 支水平，其中军人所占比例最高，达到 83%，其次是学生消费者。而农民、商人、教师、自由职业者、军人、退休人员吸烟量所占比例从高到低均为 11~20 支、21~30 支、10 支以下、31~40 支、41 支以上。

具体而言，10 支以下吸烟量主要分布于工人、学生、待业人员。21~30 支吸烟量在商人、教师、退休群体中居多，军人群体中最少。31~40 支吸烟量除了在学生、军人、其他群体无分布外，在其他职业中少量分布。41 支以上吸烟量仅在工人、农民、商人、其他中分布，其他群体均未达到如此高的吸烟量。具体如表 2-63 和图 2-86 所示。

表 2-63　不同职业消费者吸烟量（%）

	公务员	工人	农民	商人	学生	教师	自由职业者	军人	待业人员	退休人员	其他
10 支以下	18	21	14	13	25	18	15	17	28	12	18
11~20 支	64	56	64	63	67	60	62	83	50	65	65
21~30 支	16	15	18	20	8	20	19	0	17	21	16
31~40 支	1	6	3	3	0	2	3	0	6	3	0
41 支以上	0	2	1	1	0	0	0	0	0	0	1

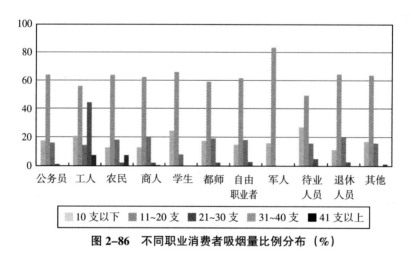

图 2-86　不同职业消费者吸烟量比例分布（%）

8. 不同学历消费者吸烟量

从不同学历消费者来看，小学及以下和大专学历的消费者吸烟量类似，所占比例由高到低依次是 11~20 支、10 支以下或 21~30 支、31~40 支、41 支以上。初中和高中/中专学历的消费者在各自比例分布类似，由高到低依次是 11~20 支、21~30 支、10 支以下、31~40 支、41 支以上。而本科学历的消费者所占比例尽管与小学及其以下和大专学历相似，但 10 支以下所占比例（32%）远超过 21~30

支比例（14%），且 41 支以上在该学历段不存在。41 支以上比例仅存于初中和高中/中专学历段。

随着学历的提高，20 支以下所占比例先缓慢下降，而后较快增长，而 21~30 支则完全相反，先较快增长，而后缓慢下降。31~40 支吸烟量则随着学历提高，一直保持缓慢下降趋势，但在本科学历段有回升。由此可以看出，学历也是影响品牌选择的一个重要因素。具体如表 2-64 和图 2-87 所示。

表 2-64　不同学历消费者吸烟量（%）

	小学及以下	初中	高中/中专	大专	本科
10 支以下	14	14	13	17	32
11~20 支	67	62	65	63	51
21~30 支	14	20	19	18	14
31~40 支	5	4	2	1	3
41 支以上	0	1	1	0	0

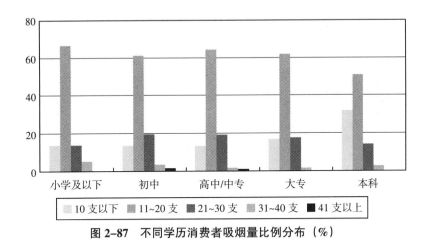

图 2-87　不同学历消费者吸烟量比例分布（%）

9. 不同烟龄消费者吸烟量

从不同烟龄消费者来看，11~20 支吸烟量在各年龄段所占比例均最高，基本上都超出 50% 水平，其中 6~10 年烟龄段近乎 70%。在 10 年以下各烟龄段，10 支以下所占比例仅次于 11~20 支所占最高比例，而 10 年以上各烟龄段，21~30 支例均超出 10 支以下所占比例。低吸烟量（10 支以下）和高吸烟量（41 支以上）所占低比例大部分集中 2 年以下和 16 年以上烟龄段。

随着烟龄不断上升，10 支以下吸烟量在逐渐减少，而 21~30 支吸烟量所占比例几乎逐渐增加。虽然，31 支以上吸烟量在各年龄段所占比重少，甚至出现零比例，但随着烟龄增加，也呈现出两头大，中间小的趋势。具体如表 2-65 和图 2-88 所示。

表 2-65　不同烟龄消费者吸烟量（%）

	2 年以下	2~5 年	6~10 年	11~15 年	16~20 年	20 年以上
10 支以下	38	36	18	12	12	7
11~20 支	45	56	67	65	59	62
21~30 支	7	8	14	21	24	21
31~40 支	3	0	1	1	5	7
41 支以上	7	0	0	0	1	2

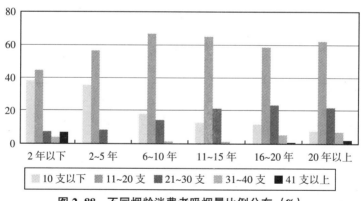

图 2-88　不同烟龄消费者吸烟量比例分布（%）

（六）卷烟消费者吸烟焦油量

从最适合消费的焦油量看，有 21.1% 的消费者不关注卷烟焦油量，71.7% 的消费者还是习惯于焦油量为 10mg 以上的卷烟。只有 7.3% 的消费者认为自己适合低焦油量的卷烟，如图 2-89 所示。

1. 不同地区消费者吸烟焦油量

从不同地区消费者吸烟焦油量来看，吸食 10~11mg 量在各地区所占比例最高，尤其是黄平、镇远、麻江、丹寨 4 个地区，所占比例达到 60% 以上水平。

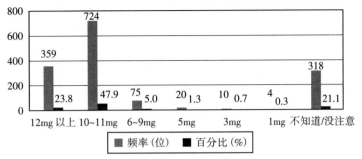

图 2-89 适合消费者的卷烟焦油量

12mg 以上吸烟焦油量所占比例主要分布在黎平、榕江 2 个地区。而 6~9mg 吸烟焦油量在各地区所占比例很低，主要分布在三穗、天柱、丹寨 3 地，其中岑巩所占比例最高。而对于 5mg 和 3mg 焦油量，虽在主要分布在岑巩和天柱地区，但所占比例甚小。而对 1mg 吸烟焦油量而言，在各地区所占比例微乎其微，大部分零比例。消费者对吸烟焦油量不知道/没注意在各地区所占比例相对较多，仅次于 12mg 以上焦油量所占各地区比例，其中在雷山地区所占比例最高（69%）。

整体而言，除了凯里、施秉、岑巩、天柱、麻江地区 9mg 以下含量占各地区比例几个百分比外，其他地区大多在焦油量所占比例大多零比例分布。具体如表 2-66 和图 2-90 所示。

表 2-66 不同地区消费者吸烟焦油量（%）

	凯里	黄平	施秉	三穗	镇远	岑巩	天柱	锦屏	台江	黎平	榕江	从江	雷山	麻江	丹寨	剑河
12mg 以上	19	12	11	22	16	19	16	18	15	34	43	26	22	1	30	28
10~11mg	47	67	56	46	68	24	56	54	50	50	33	45	10	61	66	43
6~9mg	8	3	5	4	4	1	3	0	4	3	2	7	0	6	2	8
5mg	2	0	2	0	0	5	2	0	0	1	1	0	0	4	0	3
3mg	1	0	3	0	0	5	2	0	0	0	0	0	0	0	0	0
1mg	1	0	2	0	0	0	0	0	0	0	0	0	0	1	0	0
不知道/没注意	23	18	21	28	12	31	20	28	30	12	20	22	69	26	2	19

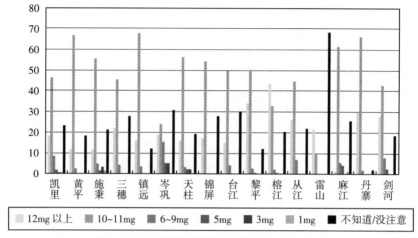

图 2-90　不同地区消费者的卷烟焦油量（%）

2. 不同年龄消费者吸烟焦油量

从不同年龄消费者吸烟焦油量来看，35 岁及以下消费者吸烟焦油量所占比例由高到低依次为 10~11mg（49%）、不知道/没注意（23%）、12mg 以上（17%）、6~9mg（9%）、5 mg（2%）。36~65 岁消费者吸烟焦油量所占比例由高到低依次为10~11mg、12mg 以上、不知道/没注意、6~9mg、5 mg。65 岁及以上消费者吸烟焦油量主要集中在 10~11mg，其次不知道/没注意、12mg 以上，9mg 以下所占比例微乎其微，甚至"零比例"。

随着年龄增长，12mg 以上所占比例先减少，然后逐渐增加，后又出现减少。而 10~11mg 刚好相反，先缓慢增加，然后逐渐减少，后出现增加。5~9mg 以下所占比例随着年龄增加逐渐降低。不知道/没注意在 45 岁以下消费者，随着年龄增长不断降低，超过 45 岁以上，与年龄保持同样增长趋势。由此可以看出，消费者年龄差异是影响消费者吸烟焦油量的重要因素。具体如表 2-67 和图 2-91所示。

3. 不同商圈消费者吸烟焦油量

从消费者吸烟焦油量来看，10~11mg 焦油量在各商圈中所占比例均最高，其次是 12mg 以上在商业区、住宅区、文教区、工业区、混合区尤为明显，其中工业区占据最高比例（36%），最后是不知道/没注意。

就不同商圈消费者吸烟焦油量来看，商业区吸烟焦油量所占主要比例由高到

表 2-67 不同年龄消费者吸烟焦油量（%）

	25 岁及以下	26~35 岁	36~45 岁	46~55 岁	56~65 岁	65 岁及以上
12mg 以上	17	16	21	26	29	25
10~11mg	49	55	52	44	39	44
6~9 mg	9	4	5	4	4	3
5 mg	2	2	1	1	1	0
3 mg	0	0	1	0	1	0
1 mg	0	1	0	0	0	0
不知道/没注意	23	21	20	24	27	28

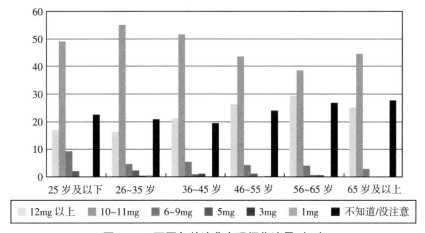

图 2-91 不同年龄消费者吸烟焦油量（%）

低依次为 10~11mg、12mg 以上、不知道/没注意、6~9 mg；住宅区、文教区、工业区、混合区焦油量所占主要比例与商业区类似，由高到低依次为 10~11mg、12mg 以上、不知道/没注意。办公区和旅游区所占主要比例由高到低依次为 10~11mg、不知道/没注意、12mg 以上。具体如表 2-68 和图 2-92 所示。

表 2-68 不同商圈消费者吸烟焦油量（%）

	商业区	住宅区	文教区	办公区	工业区	旅游区	混合区
12mg 以上	22	27	17	13	36	13	25
10~11mg	60	42	66	61	44	43	47
6~9 mg	5	4	1	6	4	13	4
5 mg	1	1	3	1	0	1	2

	商业区	住宅区	文教区	办公区	工业区	旅游区	混合区
3 mg	1	1	0	1	2	0	1
1 mg	0	0	1	0	0	1	1
不知道/没注意	12	25	12	19	15	27	20

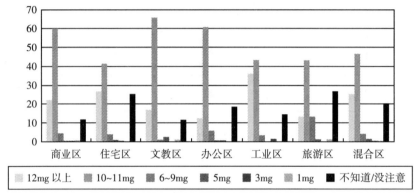

图 2-92　不同商圈消费者吸烟焦油量（%）

4. 不同类型消费者吸烟焦油量

从城镇和乡村消费者吸烟焦油量来看，吸烟焦油量在城镇所占比例由高到低依次为 10~11mg、12mg 以上、不知道/没注意、6~9mg、5mg、3mg 或 1mg，而乡村所占比例由高到低依次为 10~11mg、不知道/没注意、12mg 以上、6~9mg、5mg、3mg 或 1mg。对比来看，除了城镇对吸烟焦油量不知道/没注意所占比例要低于乡村外，其他所占比例均高于乡村。具体如图 2-93 所示。

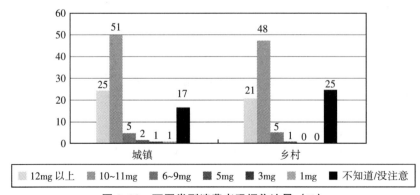

图 2-93　不同类型消费者吸烟焦油量（%）

5. 不同性别消费者吸烟焦油量

从性别差异来看，男性群体在 10~11mg 焦油含量上占据一半，其次是不知道/没注意、12mg 以上，而 9mg 以下焦油量所占比例微小。而女性虽然在 10mg 以上吸烟焦油量上所占比例不及男性消费者，但 6~9mg 所占比例远超过男性消费者。总的来看，在吸烟焦油含量中，高含量焦油量在男性中所占比例明显高于女性消费者；而在低含量焦油量所占比例要落后于女性。具体如图 2-94 所示。

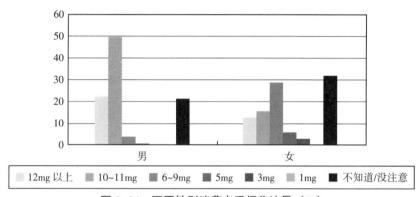

图 2-94　不同性别消费者吸烟焦油量（%）

6. 不同收入消费者吸烟焦油量

从不同收入消费者吸烟焦油量看，在各收入水平下，消费者吸烟焦油量比例主要集中 10mg 以上和不知道/没注意。其中，由高到低依次为 10~11mg、12mg 以上、不知道/没注意。

10~11mg 吸烟焦油量随着收入的提高，所占比例逐渐上升，而 3mg 和 1mg 焦油量尽管前期占据零比例，但随着年龄收入增加，也出现缓慢上升。在消费者吸食香烟之前，随着烟量需求不断加大，在收入低的水平下，消费者更多倾向选择焦油量高的卷烟，随着收入增加，消费者对烟品质要求越来越高，出于健康考虑，更多倾向于选择低焦油好烟，进而比例上升。当然，随着收入不断提高，对生活品质高要求，消费者越发看重香烟焦油量，因而不知道/没注意所在比例不断降低。具体如表 2-69 和图 2-95 所示。

表 2-69　不同收入消费者吸烟焦油量（%）

	1000 元以下	1001~2000 元	2001~3000 元	3001~5000 元	5001 元以上
12mg 以上	36	27	23	15	20
10~11mg	33	44	43	58	58
6~9mg	4	4	6	4	6
5mg	2	1	1	2	1
3mg	0	0	1	1	1
1mg	0	0	0	0	1
不知道/没注意	26	23	27	20	12

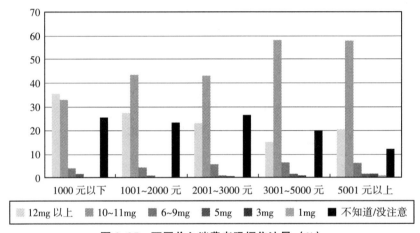

图 2-95　不同收入消费者吸烟焦油量（%）

7. 不同职业消费者吸烟焦油量

从不同职业消费者吸烟焦油量来看，公务员、工人、商人、退休群体主要所占的比例由高到低依次是 10~11mg、12mg 以上及不知道/没注意。农民、教师、自由职业者、待业人员、其他主要所占比例类似，由高到低依次为 10~11mg、不知道/没注意、12mg 以上。对于学生消费者而言，吸烟焦油量 12mg 以上所占比例最高，5~10mg 吸烟焦油量比例趋于一致，低的焦油量（1mg、3mg）零比例。由此可以看出，青少年学生属于吸烟焦油量高危群体，对他们健康发育极其不利。对于军人而言，更受其害，他们吸烟焦油量主要集中在 10mg 以上，且在 10~11mg 吸烟焦油量上占据高比例（83%）。具体如表 2-70 和图 2-96 所示。

表 2-70　不同职业消费者吸烟焦油量（%）

	公务员	工人	农民	商人	学生	教师	自由职业者	军人	待业人员	退休人员	其他
12mg 以上	18	27	27	18	50	15	17	17	11	32	20
10~11mg	63	49	38	63	8	60	50	83	39	35	47
6~9mg	3	3	4	5	8	1	9	0	17	0	5
5mg	1	3	1	0	8	0	0	0	6	3	1
3mg	0	0	0	0	0	4	0	0	0	3	0
1mg	1	1	0	0	0	0	0	0	0	0	0
不知道/没注意	15	18	29	12	25	21	22	0	28	26	27

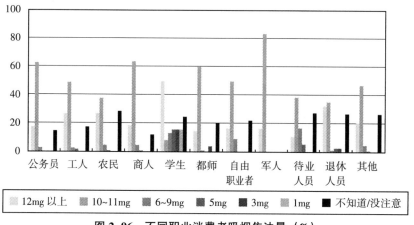

图 2-96　不同职业消费者吸烟焦油量（%）

8. 不同学历消费者吸烟焦油量

从不同学历消费者吸烟焦油量来看，小学及以下学历的消费者在吸烟焦油量主要所占比例由高到低依次为 10~11mg、不知道/没注意、12mg 以上、6~9 mg，5mg 以下占据零比例。初中和大专学历类似，除 10~11mg 占据主要比例外，其次12mg 以上、不知道/没注意，5mg 以下比例极低。对于大专和本科学历而言，12mg 以上和不知道/没注意占据相同比例，仅次于 10~11mg 占据比例。随着学历的不断提高，10~11mg 所占比例不断上升，而不知道/没注意所占据比例不断下降。可以看出，学历是影响消费者吸烟焦油量的影响因素。如表 2-71 和图 2-97所示。

表 2-71　不同学历消费者吸烟焦油量（%）

	小学及以下	初中	高中/中专	大专	本科
12mg 以上	25	26	18	21	16
10~11mg	41	42	56	54	63
6~9mg	2	4	7	6	2
5mg	0	2	1	1	3
3mg	0	1	0	0	1
1mg	0	0	0	1	0
不知道/没注意	31	25	18	17	16

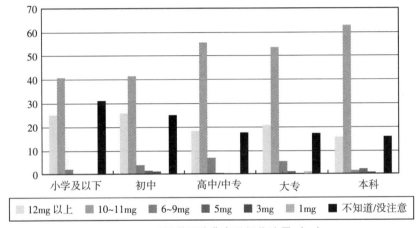

图 2-97　不同学历消费者吸烟焦油量（%）

9. 不同烟龄消费者吸烟焦油量

从不同烟龄消费者吸烟焦油量来看，2 年以下烟龄消费者在 12mg 以上焦油量比例最高，占 28%，其次为 10~11mg 或不知道/没注意，占 21%。2~10 年烟龄消费者在 10~11mg 比例最高，其次为 12mg 以上或不知道/没注意。而 11~15 年和 16~20 年所占比例类似，吸烟焦油量主要比例由高到低依次为 10~11mg、不知道/没注意、12mg 以上。而 20 年以上吸烟焦油比例，主要分布 10mg 以上。

随着烟龄不断增加，12mg 以上所占比例先缓慢减少，后快速增加。与此相反，10~11mg 比例先快速地增加，后缓慢减少。此外，6~9mg 吸烟焦油比例随烟龄增长而缓慢减少。由此可以看出，烟龄也影响到消费者吸烟焦油量的选取。如表 2-72 和图 2-98 所示。

表 2-72 不同烟龄消费者吸烟焦油量（%）

	2 年以下	2~5 年	6~10 年	11~15 年	16~20 年	20 年以上
12mg 以上	28	26	21	20	15	30
10~11mg	21	38	53	52	55	45
6~9mg	10	8	5	6	3	4
5mg	17	1	1	0	2	0
3mg	0	1	0	0	2	0
1mg	3	0	0	0	0	0
不知道/没注意	21	26	21	22	23	21

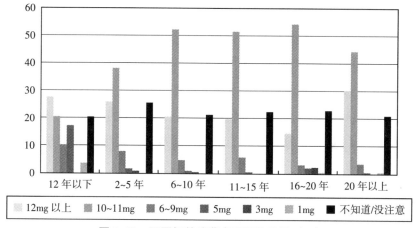

图 2-98 不同烟龄消费者吸烟焦油量（%）

六、消费者卷烟控烟行为分析

当消费者看到控烟宣传，如室内公共场所禁止吸烟等规定时，45.9%的消费者会减少数量，38.9%的消费者不受控烟宣传影响，8.9%的消费者会戒烟，6.3%的消费者会放弃赠送他人卷烟，如图 2-99 所示。

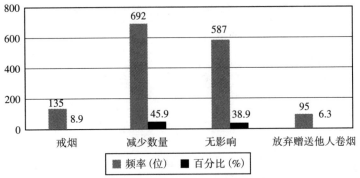

图 2-99　控烟宣传对消费者的影响

（一）控烟宣传对消费者的影响

1. 不同地区控烟宣传对消费者的影响

从不同地区控烟宣传对消费者影响而言，施秉、岑巩、榕江、雷山地区控烟宣传对消费者戒烟比例较高，其值分别为 16%、19%、23%、16%。减少数量的消费者在锦屏地区比例最高，该比例达到 67%。无影响的消费者在丹寨和剑河地区比例最高，分别为 70% 和 65%。控烟宣传对放弃赠送他人卷烟在黄平（15%）和镇远（20%）地区取得的显著成效，其他地区成效不大。从总分布看来，不同地区控烟宣传对消费者影响在减少数量和无影响的比例集中，对于戒烟和放弃赠送他人卷烟比例相对分散。具体如表 2-73 和图 2-100 所示。

表 2-73　不同地区控烟对消费者的影响（%）

	戒烟	减少数量	无影响	放弃赠送他人卷烟
凯里	9	51	36	4
黄平	2	46	38	15
施秉	16	51	28	5
三穗	13	47	34	6
镇远	1	36	43	20
岑巩	19	60	19	2
天柱	6	53	37	5
锦屏	0	67	30	4
台江	11	46	37	7

续表

	戒烟	减少数量	无影响	放弃赠送他人卷烟
黎平	7	55	34	5
榕江	23	39	31	7
从江	5	46	42	6
雷山	16	33	49	2
麻江	7	46	39	9
丹寨	6	25	70	0
剑河	7	24	65	4

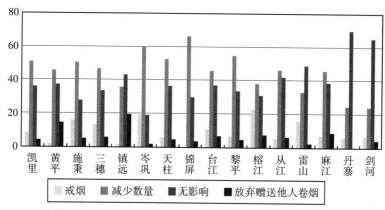

图 2-100 不同地区控烟宣传对消费者的影响（%）

2. 不同年龄控烟宣传对消费者的影响

从不同年龄段控烟宣传对消费者的影响看，减少数量和无影响在各年龄消费群体的比例，明显高于戒烟和放弃赠送他人卷烟，在 26~35 岁阶段，减少数量的比例最高占据 53%，无影响的比例在 65 岁及以上达到最高，占 72%。且随着年龄增长，两者在各年龄阶段之间比例差距越来越大。消费者"无影响"的比例也随着年龄增长逐渐上升。具体如表 2-74 和图 2-101 所示。

表 2-74 不同年龄控烟宣传对消费者的影响（%）

	25 岁及以下	26~35 岁	36~45 岁	46~55 岁	56~65 岁	65 岁及以上
戒烟	26	11	9	6	7	6
减少数量	38	53	49	45	33	22
无影响	28	28	36	43	55	72
放弃赠送他人卷烟	8	9	5	6	6	0

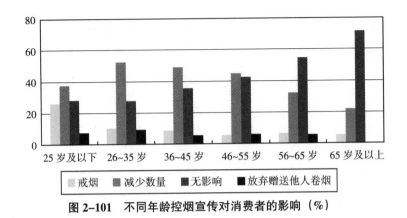

图 2-101　不同年龄控烟宣传对消费者的影响（%）

3. 不同商圈控烟宣传对消费者的影响

从不同商圈控烟宣传对消费者的影响而言，戒烟在文教区、工业区以及混合区较为明显，其中文教区比例最高，占据 14%。对于减少数量看，控烟宣传效果差异不大，在各商圈都具有一定成效。无影响而言，由于受到吸引场所环境限制，文教区、办公区和商业区对控烟宣传的重视，明显高于其他地区（住宅区、工业区、旅游区以及混合区）。从控烟宣传影响在不同商圈分布来看，减少数量和无影响相比戒烟和放弃赠送他人卷烟在各商圈占据大多数。如表 2-75 和图 2-102 所示。

表 2-75　不同商圈控烟宣传对消费者的影响（%）

	商业区	住宅区	文教区	办公区	工业区	旅游区	混合区
戒烟	8	6	14	9	11	9	12
减少数量	51	46	48	54	42	40	35
无影响	36	43	27	30	44	49	43
放弃赠送他人卷烟	5	5	10	6	4	1	10

4. 不同类型控烟宣传对消费者的影响

总的来说，城镇与乡村控烟宣传对消费者的影响相差不大。城镇与农村在戒烟影响上持平，都占据各自比重 47%。就减少数量和无影响而言，城镇控烟宣传对消费者影响均略高于乡村 1%，但放弃赠送他人卷烟的农村消费者高于城镇消费群体 2%。就控烟宣传对各自消费者影响而言，减少数量和无影响所持比重明显高于戒烟和放弃赠送他人卷烟。如图 2-103 所示。

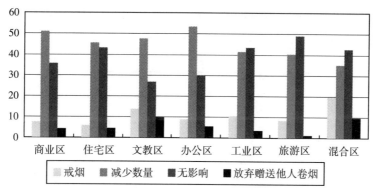

图 2-102 不同商圈控烟宣传对消费者的影响（%）

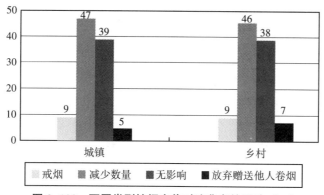

图 2-103 不同类型控烟宣传对消费者的影响（%）

5. 不同性别控烟宣传对消费者的影响

从性别差异控烟宣传对消费者的影响而言，尽管男性消费者和女性消费者在减少数量和无影响占据各自比重的大部分，且男性群体高于女性消费者。但面对控烟宣传的影响，女性要比男性更易戒烟（女性戒烟比例远超于男性比例）。就男性而言，面对控烟宣传，往往更多的是减少数量或无影响，而对女性的影响在无影响与戒烟出现持平（均占 26%）。具体如图 2-104 所示。

6. 不同收入控烟宣传对消费者的影响

从不同收入控烟对消费者影响而言，随着消费者收入的增加，减少数量和放弃赠送他人卷烟比例逐渐上升，但减少数量的比例明显高于放弃赠送他人卷烟。相反，无影响比例随着收入增加逐渐呈下降趋势。在 3001~5000 元收入水平，戒烟越发明显，其比例占 12%。从数据分布看，随着收入的增加，人们对个人健康生活品质要求越来越高，面对控烟宣传，消费者一方面对吸烟有所节制。具体如表 2-76 和图 2-105 所示。

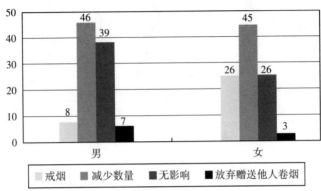

图 2-104　不同性别控烟宣传对消费者的影响（%）

表 2-76　不同收入控烟宣传对消费者的影响（%）

	1000 元以下	1001~2000 元	2001~3000 元	3001~5000 元	5001 元以上
戒烟	8	7	8	12	7
减少数量	33	42	48	48	54
无影响	56	47	39	31	30
放弃赠送他人卷烟	2	4	6	9	9

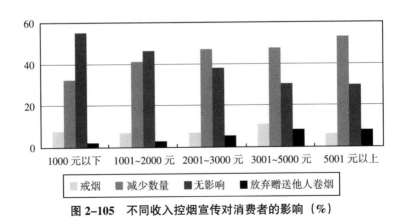

图 2-105　不同收入控烟宣传对消费者的影响（%）

7. 不同职业控烟宣传对消费者的影响

从不同职业控烟宣传对消费者影响看，公务员、工人、商人、学生、教师、自由职业的消费者减少数量的比例最高，其值分别为 66%、41%、49%、42%、

57%、50%。无影响的消费者在军人中比例最高，该比例为67%。戒烟的消费者在学生中比例最高，该比例为25%。放弃赠送他人卷烟的消费者在公务员和教师中比例最高，该比例为9%。具体如表2-77和图2-106所示。

表2-77　不同职业控烟宣传对消费者的影响（%）

	公务员	工人	农民	商人	学生	教师	自由职业者	军人	待业人员	退休人员	其他
戒烟	14	16	7	7	25	16	5	0	17	12	8
减少数量	66	41	39	49	42	57	50	33	28	32	43
无影响	11	35	49	37	25	18	39	67	50	53	44
放弃赠送他人卷烟	9	8	5	8	8	9	6	0	6	3	5

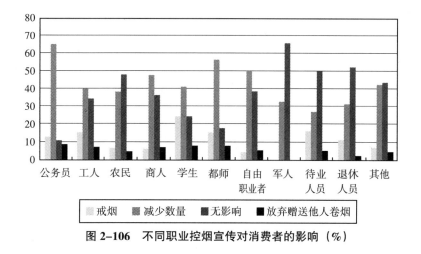

图2-106　不同职业控烟宣传对消费者的影响（%）

8. 不同学历控烟宣传对消费者的影响

从不同学历的控烟宣传对消费者而言，随着学历的提高，减少数量的比例逐渐增加，无影响的比例逐渐减少。戒烟在大专和本科学历的消费者所占比例均为12%，高于其他学历。放弃赠送他人卷烟在初中和高中/中专所占比例一样，低于大专比例（11%），高于本科（5%）和小学及以下比例（3%）。具体如表2-78和图2-107所示。

表 2-78　不同学历控烟宣传对消费者的影响（%）

	小学及以下	初中	高中/中专	大专	本科
戒烟	3	11	7	12	12
减少数量	32	42	51	51	62
无影响	61	41	36	26	20
放弃赠送他人卷烟	3	6	6	11	5

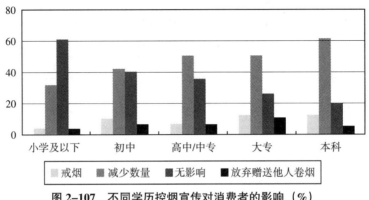

图 2-107　不同学历控烟宣传对消费者的影响（%）

9. 不同烟龄控烟宣传对消费者的影响

从不同烟龄段控烟宣传对消费者影响而言，不同烟龄的消费者在减少数量和无影响所占比例远高于戒烟和放弃赠送他人卷烟。随着烟龄的增长，对卷烟的依赖程度越高，消费者戒烟意愿越发降低。对控烟宣传效果的无影响也越发增强，但这种增长在 11~15 年烟龄段出现短暂回落，在烟龄 16 年以上又出现快速上升。就"放弃赠送他人卷烟"所占比例来看，2 年以下烟龄消费者要比其他烟龄段消费者高。具体如表 2-79 和图 2-108 所示。

表 2-79　不同烟龄控烟宣传对消费者的影响（%）

	2 年以下	2~5 年	6~10 年	11~15 年	16~20 年	20 年以上
戒烟	28	22	8	8	7	5
减少数量	41	39	51	47	49	40
无影响	21	33	34	38	36	51
放弃赠送他人卷烟	10	6	7	7	8	4

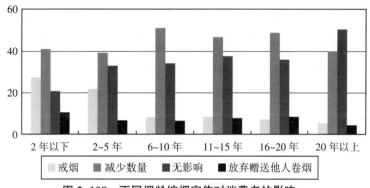

图 2-108 不同烟龄控烟宣传对消费者的影响

（二）消费者个人主动戒烟意向

从消费者个人主动戒烟意向来看，38.3%的消费者不确定，32.8%的消费者表示肯定不会主动戒烟，28.9%的消费者会主动考虑戒烟，如图 2-109 所示。

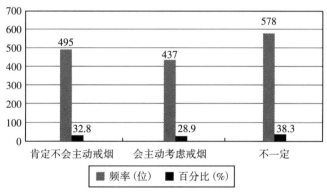

图 2-109 消费者个人主动戒烟意向

1. 不同地区消费者个人主动戒烟意向

从不同地区消费者个人主动戒烟意向来看，凯里、天柱、黎平、榕江、麻江、丹寨地区消费者对肯定不会主动戒烟所占比例要比其他地区高，其所占比例分为 37%、47%、31%、35%、31%、57%。会主动考虑戒烟在三穗地区比例最高，近 47%，在雷山地区所占比例最低，近 16%。对主动戒烟的不确定意向，在台江地区所占比例最高（占据 57%），在丹寨地区所占比例最低（占据 13%）。从各地区对消费者主动戒烟意向看，黎平和麻江两地分布差异不大，都约占各比例的 30% 左右。但三穗、雷山、丹寨地区消费者主动戒烟意向差异较为明显，例如丹寨地区，肯定不会主动戒烟占据仅一半，而会主动考虑戒烟占 30%，对戒烟持观望态度（不一定）仅有 13%。具体如表 2-80 和图 2-110 所示。

表 2-80 不同地区消费者个人主动戒烟意向（%）

地区	肯定不会主动戒烟	会主动考虑戒烟	不一定
凯里	37	22	41
黄平	22	40	38
施秉	26	31	43
三穗	19	47	34
镇远	22	40	38
岑巩	29	24	47
天柱	47	24	29
锦屏	32	21	47
台江	24	20	57
黎平	31	38	31
榕江	35	29	36
从江	25	25	49
雷山	29	16	55
麻江	31	37	31
丹寨	57	30	13
剑河	27	25	48

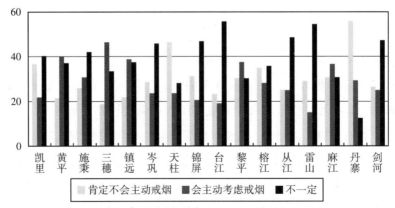

图 2-110 不同地区消费者个人主动戒烟意向（%）

2. 不同年龄消费者个人主动戒烟意向

从不同年龄消费者个人主动戒烟意向来看，随着年龄的增长，"肯定不会主动戒烟"所占比例除了在25~35岁、36~55岁出现下降，其余年龄段呈上升趋势。而"会主动考虑戒烟"随着年龄增长，呈下降趋势。在25岁及其以下和65岁以上年龄段消费者对个人主动戒烟持不一定态度明显低于其他年龄段。具体如表2-81和图2-111所示。

表2-81 不同年龄消费者个人主动戒烟意向 （%）

	25岁及以下	26~35岁	36~45岁	46~55岁	56~65岁	65岁及以上
肯定不会主动戒烟	28	26	32	30	39	50
会主动考虑戒烟	43	33	31	27	23	22
不一定	28	42	37	43	39	28

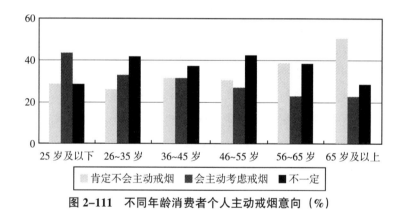

图2-111 不同年龄消费者个人主动戒烟意向 （%）

3. 不同商圈消费者个人主动戒烟意向

从不同商圈个人主动戒烟意向来看，肯定不会主动戒烟在工业区所占比例最高，近36%。会主动戒烟在文教区所占比例最高，约占42%，可能受所在环境的影响，文教区的消费者戒烟意向要比其他地区意向大。对个人主观戒烟持不一定态度的消费者在混合区比例最高，占45%。个人戒烟意向态度除了在办公区和工业区所占比例差异不大（各近占30%左右）以外，在其他地区分布差异较为明显。具体如表2-82和图2-112所示。

表 2-82　不同商圈消费者个人主动戒烟意向影响（%）

	商业区	住宅区	文教区	办公区	工业区	旅游区	混合区
肯定不会主动戒烟	24	32	27	34	36	34	35
会主动考虑戒烟	35	25	42	38	31	27	20
不一定	41	43	31	28	33	39	45

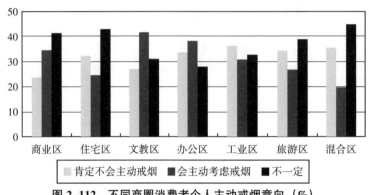

图 2-112　不同商圈消费者个人主动戒烟意向（%）

4. 不同类型消费者个人主动戒烟意向

总的说来，城镇与乡村的消费者对个人主动戒烟相差不大。城镇与农村在不一定态度上上持平，都占据各自比重 39%。就肯定不会主动戒烟而言，城镇居民消费者略低于乡村 2 个百分点。就会主动考虑戒烟而言，城镇居民消费者明显高于农村消费者 2 个百分点。在经济发展水平差异的城镇和农村，消费者对个人主动戒烟意向还是存在差异。具体如图 2-113 所示。

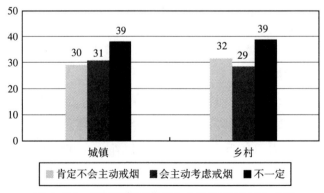

图 2-113　不同类型消费者个人主动戒烟意向（%）

5. 不同性别消费者个人主动戒烟意向

从消费者个人性别差异看,男性消费者和女性消费者在主动戒烟意向所占该群体比例高低依次,不一定、肯定不会主动考虑戒烟、会主动考虑戒烟。对比而言,男性在考虑肯定不会主动考虑戒烟的决心所占比例(33%)高于女性消费群体(23%),且会主动考虑戒烟所占比例(29%)是女性群体(14%)的2倍。但对戒烟持有犹豫态度不一定所占比例中,女性消费者所占比例超出60%,远远高于男性消费者所占比例(38%)。由此可以看出,在消费者主动戒烟意向上,男性消费者主动考虑戒烟意向要比女性高,女性在个人戒烟意向上,更多持举棋不定的态度。具体如图2-114所示。

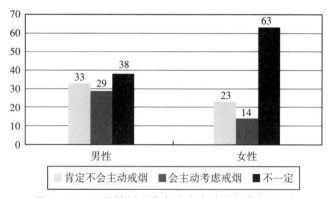

图 2-114 不同性别消费者个人主动戒烟意向(%)

6. 不同收入消费者个人主动戒烟意向

从不同收入消费者个人主动戒烟意向而言,随着个人收入的增加,肯定不会戒烟的趋势逐渐下降,可能伴随着收入增加,消费者需求多样化,也越发注重个人生活品质,进而降低不会主动戒烟的意向。在1000元及其以上收入水平,消费者随着收入增加会考虑主动戒烟,且在3000元及其以上,个人主动戒烟意向保持相对稳定(约占40%左右)。从各收入段分布看,"肯定不会戒烟"和"不一定"在3000收入水平下,都远超于会主动戒烟。随着收入进一步增加,会主动戒烟与不一定持平,进一步超出不一定和肯定不会主动戒烟意向。具体如表2-83和图2-115所示。

表 2-83　不同收入消费者个人主动戒烟意向（％）

	1000 元以下	1001~2000 元	2001~3000 元	3001~5000 元	5001 元以上
肯定不会主动戒烟	45	39	34	23	23
会主动考虑戒烟	21	18	27	39	40
不一定	35	44	39	38	37

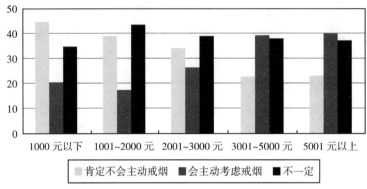

图 2-115　不同收入消费者个人主动戒烟意向（％）

7. 不同职业消费者个人主动戒烟意向

从不同职业消费者个人主动戒烟意向来看，军人、待业人员、农民、工人、自由职业者、其他的消费者肯定不会主动戒烟的意向比例较高，依次由高到低排序为50%、44%、38%、36%、30%、29%。会主动考虑戒烟的消费者所占比例由高到低的排序依次为公务员（49%）、教师（46%）、学生（42%）、商人（39%）、工人（36%）、待业人员（28%）、退休人员（26%）、农民（21%）、其他（18%）、军人（17%）。持不一定态度意向的消费者在其他职业所占比例最高，占据比例的53%。具体如表 2-84 和图 2-116 所示。

表 2-84　不同职业消费者个人主动戒烟意向（％）

	公务员	工人	农民	商人	学生	教师	自由职业者	军人	待业人员	退休人员	其他
肯定不会主动戒烟	22	36	38	24	17	20	30	50	44	26	29
会主动考虑戒烟	49	36	21	39	42	46	23	17	28	26	18
不一定	29	28	40	37	42	34	47	33	28	47	53

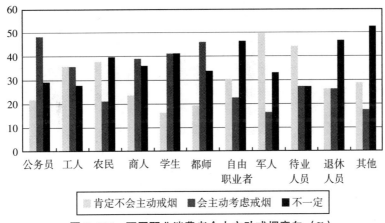

图 2–116 不同职业消费者个人主动戒烟意向（%）

8. 不同学历消费者个人主动戒烟意向

从不同学历消费者来看，小学及以下学历消费者对个人主动戒烟意向依次是肯定不会主动戒烟、不一定、会主动考虑戒烟；初中学历对个人主动戒烟意向依次是不一定、肯定不会主动戒烟、会主动考虑戒烟；高中/中专学历消费者对个人戒烟态度依次是不一定、会主动考虑戒烟、肯定不会考虑主动戒烟；大专学历消费者对个人戒烟态度依次是会主动考虑戒烟、不一定、肯定不会主动戒烟；本科学历消费者对戒烟态度依次是会主动考虑戒烟，其次肯定不会考虑主动戒烟和不一定。从不同戒烟意向来看，会主动考虑戒烟比例随着学历的增加而降低，肯定不会主动戒烟比例则随着学历的增高而减少。由此可以看出，学历可能是影响消费者个人主动戒烟意向的一个重要因素。具体如表 2–85 和图 2–117 所示。

表 2–85　不同学历消费者个人主动戒烟意向（%）

	小学及以下	初中	高中/中专	大专	本科
肯定不会主动戒烟	43	36	24	25	24
会主动考虑戒烟	16	23	34	39	52
不一定	41	41	42	35	24

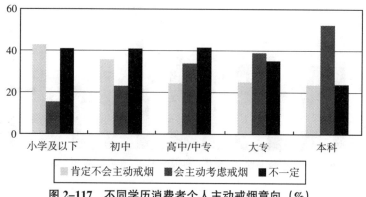

图 2-117　不同学历消费者个人主动戒烟意向（%）

9. 不同烟龄消费者个人主动戒烟意向

从不同烟龄消费者对个人主动戒烟意向来看，会主动考虑戒烟的消费者比例几乎随着烟龄的增长而减少，因为对卷烟形成依赖。肯定不会主动戒烟的消费者，随着烟龄增长，逐渐缩小与不一定的消费者所占比例之间的差距，并超越其所占比例。就肯定不会主动戒烟消费者来看，20 年以上的烟龄所占比例最高（42%）；会主动考虑戒烟的消费者在各烟龄段所占比例相差不大；不一定戒烟意向在 2~5 年烟龄所占比例最高（47%），在 20 年以上占据比例最小（32%）。总的来看，烟龄越长的人（如 20 年以上），对是否考虑主动戒烟意向明确，他们可能对烟的依赖，倾向于肯定不会主动戒烟，因而所占比例很高。相反，烟龄越短的消费者（如 2 年以下），他们的烟瘾较低，对戒烟意向倾向于不一定或会考虑主动戒烟，从而所占比例很高，而肯定不会主动戒烟比例越少。具体如表 2-86 和图 2-118 所示。

表 2-86　不同烟龄对消费者个人主动戒烟意向（%）

	2 年以下	2~5 年	6~10 年	11~15 年	16~20 年	20 年以上
肯定不会主动戒烟	28	21	30	28	29	42
会主动考虑戒烟	34	32	32	29	31	25
不一定	38	47	38	43	40	32

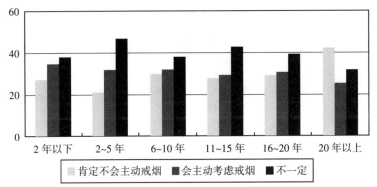

图 2–118 不同烟龄消费者个人主动戒烟意向（%）

第三章 黔东南州卷烟零售户分析

一、零售户分布概况

（一）各地区零售户分布

截至 2017 年 5 月，黔东南州 16 个县市共有 21474 户零售户，其中凯里零售户数最多为 3405 户，台江零售户最少为 719 户。各地区零售户数量差距比较大，可能与各地区常住人口数量有关。各地零售户数量与人口数量分布具体如图 3-1 所示。

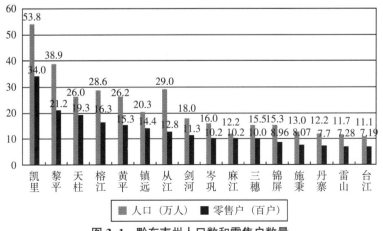

图 3-1 黔东南州人口数和零售户数量

资料来源：贵州省统计局 2015 年各地区人口数量。http://www.gz.stats.gov.cn/tjsj_35719/sjcx_35720/gztjnj_40112/2016n/201704/t20170412_2167043.html。

从图 3-1 中可以看出，各地区的零售户数量与人口数量变化基本一致，整体上呈现多人口，多零售户分布特点。为验证两者的相关性，采用 Pearson 相关性双侧显著性检验，验证结果如表 3-1 所示。

表 3-1　各地区人口数与零售户数相关性检验

		人口数	零售户数
	Pearson 相关性	1	0.962**
人口数	显著性（双侧）		0.000
	N	16	16

注：** 表示在 0.01 水平（双侧）上显著相关。

从表 3-1 检验可以看出，各地区人口数与零售户数的 Pearson 系数 0.962，两者具有极强的相关性，即随着人口数量的不断增加，零售户数量也不断增加。为更进一步量化两者的关系，采用回归方程模型，如图 3-2 所示。

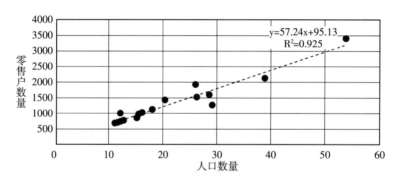

图 3-2　各地区人口数量与零售户数量关系

由图 3-2 不难看出，零售户数量与人口数量有明显的正向线性关系，采用线性回归模型，得到：零售户数量 = 57.24 × 95.136，其中 Sig. = 0.00 < 0.01，且 R^2 = 0.925，结果显著通过双侧检验。根据该回归模型，对各地区零售户数量做出预测，得到各地的估计值，并与实际数量进行对比，结果如表 3-2 所示。

表 3-2　各地区零售户实际数量与估计数量（户）

地区	实际值	估计值	差额
凯里	3405	3175	230
黎平	2125	2323	−198
天柱	1935	1587	348

地区	实际值	估计值	差额
榕江	1635	1734	-99
黄平	1535	1600	-65
镇远	1448	1262	186
从江	1286	1759	-473
剑河	1134	1130	4
岑巩	1025	1014	11
麻江	1021	795	226
三穗	1005	984	21
锦屏	896	975	-79
施秉	807	844	-37
丹寨	770	796	-26
雷山	728	765	-37
台江	719	731	-12

由表 3-2 可以看出，凯里、天柱、镇远、麻江零售户数量均超出估计值 100余户，其中天柱实际值高出估计值 348 户；但黎平、从江零售户数量均低于估计值超过 100 余户，其中从江低于估值高达 473 户。因此，为了提高零售户管理效率与方便消费者购买，这六个地区零售户数量有待做出相应的调整。

（二）各市场类型零售户分布

从市场类型看，城镇地区共计 10786 户，乡村地区共计 10688 户。2016 年全州年末常住人口 350.74 万人，年末户籍人口 477.43 万人，其中城镇人口128.49 万人。[①] 根据户籍人口来看，黔东南州平均 222 人/户，其中乡村地区 326人/户，城镇地区 119 人/户。

（三）各经营业态零售户分布

从经营业态看，食杂店共有 18752 户，其他业态 1242 户，便利店 489 户，

---

① 数据来源：黔东南州 2016 年国民经济和社会发展统计公报。http://www.qdn.gov.cn/xxgk/zdgk/tjxx/tjnb/201703/t20170320_1674385.html。

烟酒商店 378 户，娱乐服务 370 户，超市 243 户，具体如图 3-3 所示。食杂店这种高户量的分布，为消费者购买卷烟提供一个方便、快捷的场所，成为大部分消费者卷烟场所的主要选择，而其他零售类型（便利、专卖店等）相对分布量少，因而消费者在这些地方购买卷烟选择较低。

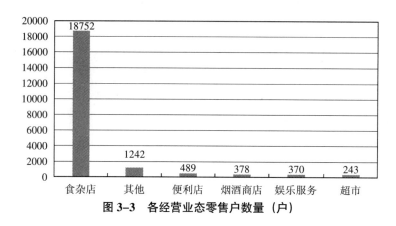

图 3-3　各经营业态零售户数量（户）

（四）各经营规模零售户分布

从经营规模看，如图 3-4 所示中型规模零售占主体，其数量高达 13431 户，大型规模共计 4472 户，而小型规模共计 3571 户。

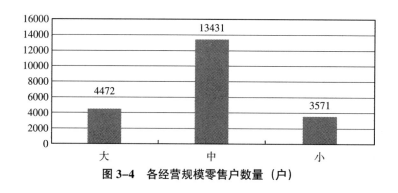

图 3-4　各经营规模零售户数量（户）

（五）各商圈类型零售户分布

从商圈类型看，商业区成为卷烟零售栖息的最佳场所，零售户数量高达 2912 户。卷烟零售户在乡镇所在地、自然村分布均超过 2000 户量，分别为 2333

户、2209 户，但在部队、学区分布量甚小，特别是在部队区，只有 4 户。各商圈卷烟零售户分布差异，可能与所在商圈环境密切相连。商业区作为人们日常人际交往密切的场所，对卷烟购买不仅注重量，而且更注重卷烟品质、包装等多样化消费诉求，因而分布较多，而部队区和学区购买卷烟群体相对较少，选择少，故分布量小。各商圈类型卷烟零售户分布量，具体如图 3-5 所示。

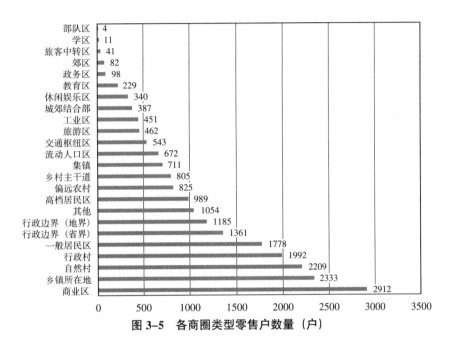

图 3-5 各商圈类型零售户数量（户）

（六）各档位零售户分布

从客户分档来看，共分为 30 档，其中无分档零售户 239 户，各档位零售户数量分布如图 3-6 所示。

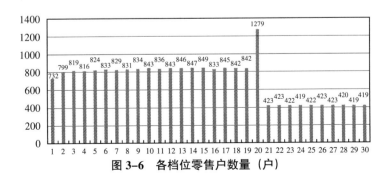

图 3-6 各档位零售户数量（户）

根据黔东南州客户分类模型标准，对经营能力评价分数从高到低排序，将客户分为 30 档，其中，第 21~30 档对应高经营能力客户，每档客户数量占总客户数量的 2%；第 6~20 档对应中经营能力客户，每档客户数量占 4%；第 1~5 档对应低经营能力客户，每档客户数量占 4%[①]。由图 3-6 可以看出，1~19 档客户数量均在 800 户左右，20 档客户数量最多达 1279 户，第 21~30 档客户数量均在 420 左右。

二、零售户价值分析

（一）不同地区

1. 总体分析

根据系统抽样数据，我们获悉 2014~2016 年不同地区零售户的平均需求量、销售量、销售金额、满足率及平均价格，具体如表 3-3、图 3-7~图 3-9 所示。

表 3-3　各地区零售户平均需求量、销售量及销售金额[②]

年份	需求量（箱/年/户）			销售量（箱/年/户）			销售金额（万元/年/户）		
	2014	2015	2016	2014	2015	2016	2014	2015	2016
岑巩	8.6	7.3	5.9	4.8	5.2	5.3	12.5	15.0	15.4
从江	10.4	7.7	7.2	5.6	5.6	6.4	12.1	13.6	16.0
丹寨	11.7	5.0	1.0	4.7	2.7	0.9	10.6	6.3	2.3
黄平	7.9	6.5	5.5	4.7	5.0	5.2	10.7	12.1	12.4
剑河	7.6	6.6	5.3	4.0	4.3	4.5	9.3	10.9	11.6
锦屏	11.4	7.9	6.5	5.0	5.4	5.7	12.9	15.1	16.3

[①] 黔东南州烟草专卖局（公司）企业标准（Q/QDNYC/YX-ZY-07-B/2），卷烟市场服务管理办法，2017.

[②] 在本章节中，如无特殊说明，零售户平均值需求量单位为：箱/年/户，销售量单位为：箱/年/户，销售金额单位为：万元/年/户，价格为：元/条。

续表

年份	需求量（箱/年/户）			销售量（箱/年/户）			销售金额（万元/年/户）		
	2014	2015	2016	2014	2015	2016	2014	2015	2016
凯里	16.5	11.6	8.0	5.7	6.4	6.9	17.4	20.7	21.9
雷山	8.5	6.9	6.9	4.5	4.8	6.1	10.0	11.7	15.3
黎平	13.2	10.1	7.4	5.7	5.9	6.1	12.7	14.7	15.7
麻江	8.9	9.4	7.4	3.8	5.0	6.0	9.0	12.0	13.6
榕江	15.2	9.6	7.0	5.3	5.4	5.7	12.9	14.2	15.8
三穗	10.5	8.0	5.7	5.0	5.3	5.0	12.6	14.3	13.2
施秉	7.2	6.3	5.8	5.1	5.2	5.5	11.5	12.6	13.3
台江	8.4	7.0	5.7	4.2	4.6	5.0	9.2	11.1	12.3
天柱	8.7	7.2	5.1	4.1	4.5	4.4	10.6	12.5	11.9
镇远	7.7	7.1	5.4	4.8	5.1	4.9	11.9	13.6	12.9
平均	11.0	8.3	6.3	4.9	5.3	5.5	12.4	14.2	14.8

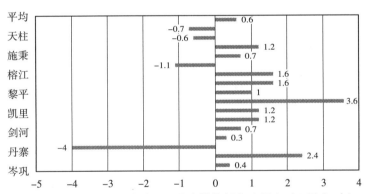

图3-7 2015~2016年各地区零售户销售额变动幅度（万元/年/户）

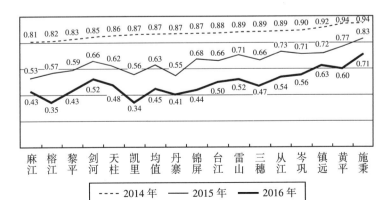

图3-8 各地区2014~2016年零售户满足率

117

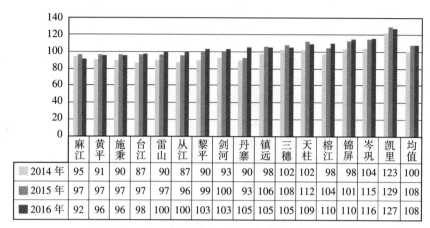

	麻江	黄平	施秉	台江	雷山	从江	黎平	剑河	丹寨	镇远	三穗	天柱	榕江	锦屏	岑巩	凯里	均值
2014年	95	91	90	87	90	87	90	93	90	98	102	102	98	98	104	123	100
2015年	97	97	97	97	97	96	99	100	93	106	108	112	104	101	115	129	108
2016年	92	96	96	98	100	100	103	103	105	105	105	109	110	110	116	127	108

图 3-9　各地区 2014~2016 年零售户平均价格（元/条）

从总体来看，零售户平均需求量逐年递减，平均销售量逐年增加，而这也表现在零售户满足率上。同时，满足率逐年递增，表明货源精准投放效率在逐年提高，而零售户订货也更趋于理性。

从各地区来看，所有地区平均需求量逐年递减。75%的地区平均销售量逐年上升，只有丹寨、三穗、天柱、镇远四个地区有下降趋势，其中丹寨下降幅度较大，由 2014 年平均每户销售 4.7 箱/年下降至 2016 年平均每户销售 0.9 箱/年。三穗、天柱、镇远平均每户销量在 2015 年上升，但在 2016 年呈下降趋势。凯里平均每户销量在各年度中均最高，在 2016 年达到平均每户销售 6.9 箱/年。

在销售金额方面，从总体上看，近 3 年平均每户销售额总体呈上升趋势，其中 2014 年平均每户销售额为 12.4 万/年，2015 年平均每户销售额为 14.2 万元/年，2016 年平均每户销售额为 14.8 万元/年。

从地区上看，2015~2016 年全州 16 个地区就有 12 个地区零售户平均销售额度呈上升趋势，上升额度为平均每户 3.2 万元/年，其中雷山地区上升幅度最高，接近 4 万元/年，如图 3-7 所示。而镇远、天柱、三穗、丹寨 4 个地区在 2016 年平均销售额度出现下滑，其中下降幅度最大的为丹寨地区，平均每户 4 万元/年。

2016 年大部分地区在销售量与销售额均上升时，部分地区平均销售价格也呈上升趋势，由图 3-9 可以看出，2016 年与 2015 年卷烟平均价格均为 108 元/条，表明 2016 年与 2015 年相比，卷烟结构未有明显提升。凯里平均价格三年来在各地区中均最高，其中 2016 年为 127 元/条，较 2015 年下降 2 元，2016 年平均价格最低的是麻江92元/条。2015~2016年各地区零售户平均价格变动幅度如图3-10所示。

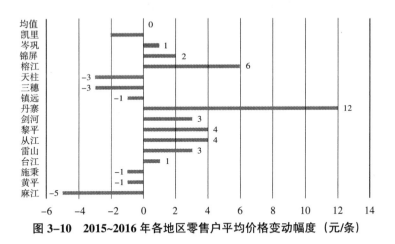

图3-10 2015~2016年各地区零售户平均价格变动幅度（元/条）

从平均价格上升幅度看，2016年，丹寨上升幅度为12元/条，其上升幅度在各地区中最高，其次是锦屏，上升幅度为6元/条。从平均价格下降幅度来看，下降幅度最大的地区为麻江，下降幅度为5元/条，其次是天柱和三穗，均下降3元/条。

卷烟平均价格往往与社会经济发展水平有关，为考察零售户平均销售价格的影响因素，先分析卷烟平均价格与GDP、城镇常住居民人均可支配收入、乡村常住居民人均可支配收入的相关性。由于没有2016年黔东南州各地区相关数据，按2015年数据及相应增长率推算2016年相关经济数据。结果如表3-4所示。

表3-4 相关性分析

		平均价格	城镇人均可支配收入	乡村人均可支配收入	GDP
平均价格	Pearson 相关性	1	0.079	0.708**	0.756**
	显著性（双侧）		0.770	0.002	0.001
	N	16	16	16	16
城镇人均可支配收入	Pearson 相关性	0.079	1	−0.028	0.056
	显著性（双侧）	0.770		0.919	0.838
	N	16	16	16	16

续表

		平均价格	城镇人均可支配收入	乡村人均可支配收入	GDP
乡村人均可支配收入	Pearson 相关性	0.708**	−0.028	1	0.875**
	显著性（双侧）	0.002	0.919		0.000
	N	16	16	16	16
GDP	Pearson 相关性	0.756**	0.056	0.875**	1
	显著性（双侧）	0.001	0.838	0.000	
	N	16	16	16	

注：** 表示在 0.01 水平（双侧）上显著相关。

从分析结果可以看出，平均价格与乡村人均可支配收入、GDP 有很强的相关性，与城镇人均可支配收入无关，而 GDP 与乡村人均可支配收入有很强的相关性。城镇人均可支配收入与其他因素均无关。因此，采用逐步回归模型分析平均价格，并考虑其他因素的多重共线性问题。回归结果如表 3-5~表 3-8 所示。

表 3-5　已排除的变量 b

		Beta In	t	Sig.	偏相关	共线性统计量容差
1	城镇人均可支配收入	0.037a	0.206	0.840	0.057	0.997
	乡村人均可支配收入	0.200a	0.539	0.599	0.148	0.235

注：a 表示模型中的预测变量：（常量），GDP。b 表示因变量：平均价格。

由表 3-5 可以看出，逐步回归已自动排除了自变量城镇人均可支配收入与乡村人均可支配收入，只有 GDP 进入回归模型。

表 3-6　模型汇总

模型	R	R^2	调整 R^2	标准估计的误差
1	0.756a	0.571	0.540	6.16392

表 3-7　Anova

模型		平方和	df	均方	F	Sig.
1	回归	707.440	1	707.440	18.620	0.001
	残差	531.915	14	37.994		
	总计	1239.355	15			

由表 3-6~表 3-7 可以看出，回归模型 R² 为 0.571，Sig. = 0.001 < 0.01，表明回归模型通过显著性检验。回归模型如表 3-8 所示。

表 3-8　系数 ª

模型		非标准化系数		标准系数	t	Sig.
		B	标准误差	试用版		
1	（常量）	93.970	2.353		39.936	0.000
	GDP	0.131	0.030	0.756	4.315	0.001

注：a 表示因变量：平均价格。

根据表 3-8，可得到卷烟平均价格与 GDP 的关系为：

卷烟价格 = 93.970 + 0.131 × GDP

根据上述模型得到各地区卷烟的估计平均价格，如表 3-9 所示。

表 3-9　各地区平均价格估计值与实际值（元）

地区	岑巩	从江	丹寨	黄平	剑河	锦屏	凯里	雷山	黎平	麻江	榕江	三穗	施秉	台江	天柱	镇远
实际	112	95	93	95	99	110	126	96	97	94	104	105	95	94	108	103
估计	99	101	98	100	99	99	126	97	104	98	101	99	98	98	104	103

由表 3-9 可以看出，除剑河、凯里与镇远实际值与估计值一致外，其他地区均存在差距，如图 3-11 所示。黎平实际值较估计值低 7 元，黄平和从江实际值较估计值低 6 元，实际值较估计值低表明这些地区卷烟价格还有一定上升空间。

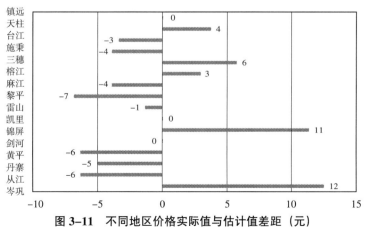

图 3-11　不同地区价格实际值与估计值差距（元）

岑巩实际值较估计值高 12 元，锦屏实际值较估计值高 11 元，而实际值较估计值高表明这些地区可能与当地其他社会环境有关。

2. 不同类型

为进一步分析不同地区的市场类型差异，通过抽样数据统计得到表 3-10。2016 年各地区零售户平均每户需求、销售量、销售额及价格，城镇地区均高于乡村地区。销售量城镇地区平均每户为 6.6 箱/年，乡村地区平均每户为 4.3 箱/年；销售额城镇地区平均每户为 20.7 万元/年，乡村地区平均每户为 8.9 万元/年。城镇地区的销售量是乡村地区的 1.53 倍，城镇地区的销售额则是乡村地区的 2.33 倍。由此可以看出，从卷烟结构上看，城镇地区较乡村地区高很多。平均价格也证实了这点，城镇平均销售价格为 125 元/条，乡村地区则为 82 元/条，城镇地区是乡村地区的 1.5 倍。

表 3-10　2016 年各地区不同市场类型零售户市场情况

	需求量（箱/年/户）		销售量（箱/年/户）		销售额（万元/年）		满足率		价格（元）	
	城镇	乡村	城镇	乡村	城镇	乡村	城镇	乡村	城镇	乡村
岑巩	6.4	5.6	5.7	5.0	19.4	12.1	0.89	0.91	136	96
从江	9.1	5.9	8.1	5.3	24.1	10.6	0.89	0.89	120	81
丹寨	1.4	0.6	1.2	0.5	3.6	1.0	0.87	0.88	115	78
黄平	7.3	4.0	6.8	3.8	18.7	7.1	0.94	0.95	110	75
剑河	6.6	3.8	5.4	3.4	16.2	6.4	0.82	0.90	119	75
锦屏	8.1	5.5	7.0	4.8	23.9	11.4	0.86	0.88	136	95
凯里	9.0	5.4	7.9	4.7	27.2	9.2	0.87	0.86	139	78
雷山	9.5	5.1	8.4	4.5	24.7	8.6	0.88	0.89	118	76
黎平	8.6	6.1	7.1	5.2	21.0	10.8	0.83	0.84	117	83
麻江	8.0	6.8	6.6	5.4	17.8	10.0	0.84	0.79	107	74
榕江	9.6	5.4	7.6	4.5	24.5	10.1	0.79	0.84	129	89
三穗	6.8	4.2	5.9	3.8	17.4	7.7	0.87	0.91	117	81
施秉	7.6	4.6	7.2	4.3	20.7	7.8	0.94	0.95	116	72
台江	7.2	5.0	6.4	4.3	19.8	8.5	0.88	0.87	125	78
天柱	6.3	3.9	5.1	3.6	16.1	7.8	0.82	0.92	125	87
镇远	6.3	4.3	5.7	4.0	17.3	7.8	0.91	0.92	121	79
平均	7.7	4.9	6.6	4.3	20.7	8.9	0.86	0.88	125	82

具体到各地区看，如图 3-12 所示，城镇与乡村平均每户销售量差距最大的地区为雷山，城镇较乡村地区平均每户多 3.9 箱，其次是凯里城镇较乡村地区平均每户多 3.2 箱，平均每户销售量差距最小的地区是岑巩和丹寨，两个地区相差均只有 0.7 箱。

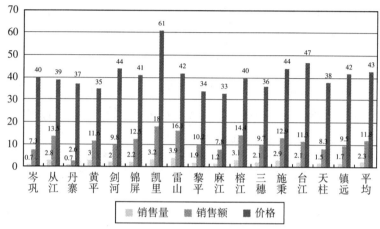

图 3-12　2016 年各地区城镇与乡村零售户差距（元/条）

从销售额看，城镇与乡村平均每户销售额差距最大的地区为凯里，城镇较乡村地区平均每户多 18 万元，其次是雷山城镇较乡村地区平均每户多 16.1 万元，平均每户销售额差距最小的地区是麻江，城镇较乡村地区平均每户多 7.8 万元。

从平均销售价格看，城镇与乡村平均价格差距最大的地区为凯里，城镇较乡村地区平均每户多 61 元/条，其次是台江城镇较乡村地区多 47 元/条，平均价格差距最小的地区是麻江，城镇较乡村地区多 33 元/条。

在零售户满足率方面，总的来看，乡村地区为 0.88，城镇地区为 0.86。大部分地区乡村满足率较城镇略高。为比较地区和城镇在满足率是否有显著性差异，采用两个相关样本检验，结果如表 3-11 和表 3-12 所示。

表 3-11　成对样本相关系数

		N	相关系数	Sig.
对 1	城镇 & 乡村	16	0.640	0.008

表 3-12　成对样本检验

		均值	标准差	均值的标准误	差分的 95% 置信区间				
					下限	上限			
对 1	城镇—乡村	−0.01875	0.03557	0.00889	−0.03770	0.00020	−2.109	15	0.052

从表 3-11 可以看出，城镇与乡村零售户满足率具有显著的相关性，成对样本检验 Sig=0.052>0.05，表明城镇与乡村零售户满足率并无差异。

3. 不同业态

从各地区市场业态看，2016 年需求量最大的为烟酒商店零售户，平均每户为 11.4 箱；销售量最大的为超市，平均每户为 9.6 箱，最低的为娱乐服务零售户，平均每户只有 4.3 箱，具体如表 3-13 所示。

表 3-13　各地区不同市场业态需求量与销售量（箱/年/户）

地区	需求量						销售量					
	便利店	超市	其他	食杂店	烟酒商店	娱乐服务	便利店	超市	其他	食杂店	烟酒商店	娱乐服务
岑巩	10.0	9.8	4.4	6.0	7.5	2.3	7.9	8.1	3.8	5.4	6.1	2.0
从江	11.3	10.5	6.9	7.0	8.4	6.5	10.4	9.8	6.2	6.2	7.4	5.3
丹寨	1.7	2.0	1.0	1.0	0.7	1.7	1.6	1.5	0.9	0.9	0.6	1.7
黄平	10.6	10.8	6.0	5.3	6.8	5.3	9.5	10.6	5.3	5.0	6.4	5.1
剑河	4.8	5.5	4.4	5.2	9.8	1.0	4.5	4.4	4.0	4.4	7.0	1.0
锦屏	9.3	6.7	6.5	6.5	13.9	5.3	8.4	6.5	5.9	5.6	12.4	4.8
凯里	9.9	12.8	7.7	7.5	14.9	5.0	8.6	11.1	7.0	6.5	12.5	4.5
雷山	10.0	11.5	8.6	6.9	7.8	5.0	9.8	11.5	7.4	6.1	7.2	4.7
黎平	9.4	8.4	6.8	7.3	11.9	5.6	8.9	7.7	5.3	6.1	9.8	4.9
麻江	7.2	10.5	5.0	7.4	12.2	3.2	6.4	9.4	4.4	6.0	9.7	3.0
榕江	11.4	15.6	6.7	6.8	10.8	5.6	9.3	12.0	5.5	5.6	7.7	5.1
三穗	6.0	10.4	5.2	5.6	9.9	2.7	5.5	9.7	4.2	5.0	8.2	2.5
施秉	14.3	10.0	6.2	5.7	10.0	5.2	13.6	9.3	5.9	5.4	8.9	4.3
台江	11.6	10.6	6.0	5.4	19.8	6.5	9.9	10.0	4.0	4.8	11.8	2.5
天柱	9.3	7.7	3.7	5.1	5.1	2.5	6.7	6.5	3.2	4.4	4.0	2.1
镇远	6.4	12.8	5.1	5.2	9.6	3.0	5.9	11.3	4.7	4.7	8.6	3.0
平均	9.5	10.9	6.0	6.1	11.4	4.8	8.4	9.6	5.3	5.3	9.3	4.3

从销售额看，2016 年烟酒商店平均每户销售额为 48.7 万元，超市平均每户销售额为 34.5 万元，便利店平均每户销售额为 29.7 万元，其他业态平均每户销售额为 15.0 万元，食杂店平均每户销售额为 13.5 万元，娱乐服务平均每户销售额为 13.7 万元，具体如表 3-14 所示。具体到各个地区，便利店业态施秉零售户销售额最高，达到 50.3 万元。超市业态榕江零售户销售额最高，达到 50.4 万元。食杂店业态凯里零售户销售额最高，达到 18.4 万元。烟酒商店业态凯里零售户销售额最高，达到 68.0 万元。娱乐服务业态锦屏零售户销售额最高，达到 16.5 万元。

表 3-14　2016 年各地区不同市场业态卷烟销售额（万元）

	便利店	超市	其他	食杂店	烟酒商店	娱乐服务
岑巩	37.3	32.9	11.5	15.1	32.1	7.5
从江	34.8	36.4	16.0	14.5	33.7	16.3
丹寨	6.5	8.0	2.4	2.2	3.3	8.0
黄平	33.0	34.4	13.6	11.5	31.8	15.3
剑河	18.5	13.8	11.3	10.8	32.9	10.0
锦屏	22.5	25.3	20.7	15.3	75.0	16.5
凯里	33.7	41.2	21.6	18.4	68.0	16.2
雷山	34.8	46.0	20.9	14.8	37.8	13.9
黎平	27.6	27.2	14.1	15.1	54.0	13.9
麻江	20.5	26.8	10.0	13.1	52.8	8.2
榕江	33.5	50.4	15.7	14.6	36.4	14.1
三穗	19.3	38.4	12.0	12.6	40.4	7.6
施秉	50.3	30.3	15.0	12.4	40.6	12.3
台江	28.6	35.3	10.3	11.4	48.8	9.0
天柱	20.4	21.5	8.2	11.8	22.2	6.2
镇远	19.6	40.8	12.6	11.8	42.1	9.0
平均	29.7	34.5	15.0	13.5	48.7	13.7

具体到各个地区，便利店业态施秉零售户销售量最高，达到 13.6 箱；超市业态榕江零售户销售量最高，达到 12 箱；食杂店业态凯里零售户销售量最高，达到 6.5 箱；烟酒商店业态凯里零售户销售量最高，达到 12.5 箱；娱乐服务业态

从江零售户销售量最高，达到 5.3 箱。

从平均销售价格看，2016 年烟酒商店平均价格为 209 元/条，超市平均价格为 144 元/条，便利店平均价格为 142 元/条，娱乐服务平均价格为 128 元/条，其他业态平均价格为 114 元/条，食杂店平均价格为 102 元/条，具体如表 3-15 所示。具体到各个地区，便利店业态岑巩零售户平均价格最高，达到 191 元/条，锦屏零售户均价最低，108 元/条；超市业态丹寨零售户价格最高，达到 181 元/条；食杂店业态凯里零售户价格最高，达到 113 元/条，而麻江地区零售户价格最低，仅 88 元/条；烟酒商店业态锦屏零售户价格最高，达到 241 元/条；娱乐服务业态剑河零售户价格最高，达到 336 元/条，接近均价的 2 倍。

从满足率看，最高的是娱乐服务零售户，满足率为 0.89；最低的是烟酒商店，满足率为 0.82。具体到各个地区，便利店业态天柱地区零售户满足率最低为 0.72；超市业态榕江零售户满足率最低为 0.77；食杂店业态麻江零售户满足率最低为 0.80；烟酒商店业态剑河和榕江零售户满足率最低为 0.71；娱乐服务业态台江零售户满足率最低为 0.42，如表 3-15 所示。

表 3-15　2016 年各地区不同市场业态卷烟价格与满足率

地区	价格（元/条）						满足率					
	便利店	超市	其他	食杂店	烟酒商店	娱乐服务	便利店	超市	其他	食杂店	烟酒商店	娱乐服务
岑巩	191	161	120	112	211	146	0.78	0.84	0.88	0.90	0.81	0.91
从江	134	149	103	94	181	122	0.92	0.94	0.89	0.88	0.88	0.83
丹寨	154	181	103	101	211	210	0.96	0.98	0.89	0.86	0.91	1.00
黄平	139	131	102	92	198	119	0.90	0.98	0.89	0.95	0.94	0.97
剑河	165	127	114	97	188	336	0.93	0.79	0.91	0.85	0.71	0.99
锦屏	108	154	140	109	241	137	0.90	0.99	0.90	0.87	0.89	0.90
凯里	156	148	124	113	217	145	0.88	0.87	0.90	0.87	0.84	0.89
雷山	141	158	113	97	210	117	0.98	0.99	0.86	0.88	0.92	0.94
黎平	125	142	107	99	221	114	0.94	0.92	0.78	0.83	0.82	0.87
麻江	127	114	90	88	217	109	0.89	0.90	0.89	0.80	0.80	0.94
榕江	144	168	114	105	189	112	0.81	0.77	0.83	0.81	0.71	0.90
三穗	138	158	113	101	197	123	0.94	0.93	0.81	0.89	0.83	0.93

续表

地区	价格（元/条）						满足率					
	便利店	超市	其他	食杂店	烟酒商店	娱乐服务	便利店	超市	其他	食杂店	烟酒商店	娱乐服务
施秉	148	130	102	92	183	113	0.95	0.94	0.95	0.95	0.89	0.85
台江	115	142	108	95	165	132	0.86	0.94	0.66	0.89	0.60	0.42
天柱	122	133	102	107	224	118	0.72	0.84	0.86	0.86	0.77	0.83
镇远	133	145	106	100	196	119	0.92	0.88	0.93	0.92	0.89	0.97
平均	142	144	114	102	209	128	0.88	0.88	0.87	0.87	0.82	0.89

4. 不同规模

根据零售户统计数据，无论从总体平均看还是从各地区看，每户零售户平均卷烟需求量、销售量、销售额均随规模的减小而减小，如表 3-16 所示，大规模零售户平均销售量为 10.5 箱，平均销售额为 33.1 万元，中规模零售户平均销售量为 4.6 箱，平均销售额为 11.4 万元，小规模零售户平均销售量为 2.3 箱，平均销售额为 4.9 万元。

表 3-16　2016 年各地区不同市场规模零售户卷烟销售情况

	销售量（箱）			销售额（万元）			满足率			价格（元/条）		
	大	中	小	大	中	小	大	中	小	大	中	小
岑巩	9.0	4.7	2.0	30.3	12.3	4.9	0.88	0.95	0.91	135	105	98
从江	10.9	5.3	2.8	30.6	12.2	5.7	0.87	0.92	0.89	112	93	81
丹寨	1.7	0.7	0.4	5.1	1.7	0.8	0.85	0.91	0.88	121	94	83
黄平	10.5	4.6	2.7	31.6	10.0	4.7	0.94	0.95	0.95	120	86	71
剑河	9.9	4.3	2.2	30.0	10.8	4.4	0.79	0.88	0.86	121	100	80
锦屏	10.4	4.6	2.3	33.8	11.8	5.6	0.84	0.91	0.89	131	104	95
凯里	13.6	5.6	2.5	50.1	15.7	6.1	0.86	0.84	0.88	147	112	96
雷山	10.2	4.9	2.6	29.0	10.8	5.7	0.89	0.89	0.88	114	88	82
黎平	10.9	5.0	2.0	31.2	11.5	4.6	0.81	0.89	0.85	114	93	90
麻江	10.0	5.1	2.8	26.1	10.8	5.1	0.80	0.87	0.81	105	84	73
榕江	10.2	4.6	2.5	31.4	11.7	5.7	0.78	0.89	0.84	123	101	93
三穗	9.6	4.1	2.1	29.5	9.7	4.4	0.88	0.89	0.89	123	94	85
施秉	10.3	5.0	2.4	29.9	10.9	4.2	0.94	0.96	0.95	116	87	70

	销售量（箱）			销售额（万元）			满足率			价格（元/条）		
	大	中	小	大	中	小	大	中	小	大	中	小
台江	10.1	4.5	2.6	30.2	10.3	5.2	0.86	0.91	0.88	120	90	81
天柱	9.9	3.9	2.0	31.8	10.0	4.3	0.80	0.91	0.89	129	101	86
镇远	10.7	4.5	2.3	33.0	10.9	4.7	0.90	0.91	0.93	124	98	83
平均	10.5	4.6	2.3	33.1	11.4	4.9	0.85	0.90	0.88	126	98	85

从销售量看，大规模零售户平均销售量在从江和黎平最高，零售户平均销售量均为10.9箱；中规模零售户平均销售量最高为凯里，零售户平均销售量为5.6箱，而丹寨地区最低仅为0.7箱；小规模零售户平均销售量最高为从江与雷山和麻山，零售户平均销售量均为2.8箱。

从销售额看，大规模、中规模与小规模零售户平均销售额凯里均最高，零售户平均销售额分别为50.1万元、15.7万元和6.1万元。

从满足率看，除了大规模中剑河和榕江地区满足率处于0.7左右水平外，其他无论是规模，还是地区满足率均超过0.8以上水平。

从价格总体看，大规模平均销售价格为126元/条，中规模平均销售价格为98元/条，小规模平均销售价格为85元/条。具体到地区看，凯里的大规模、中规模与小规模零售户在所有地区中平均价格最高，分别为147元/条、112元/条及96元/条，而麻江地区的大规模、中规模与小规模零售户几乎在所有地区均价最低，分别为105元/条、84元/条、73元/条。

5. 不同档位

从不同零售户档次看，各地区需求量、销售量、销售额和销售价格均随着档次的增加而增加。满足率总体上随着档次的增加而降低。具体如表3-17所示。

表3-17 不同档次零售户卷烟销售情况

档次	销售量（箱）	销售额（万元）	满足率	销售价格（元/条）
1	1.9	3.7	0.897	79
2	2.5	4.9	0.897	79
3	2.7	5.4	0.897	81
4	2.9	6.0	0.901	83

档次	销售量（箱）	销售额（万元）	满足率	销售价格（元/条）
5	3.0	6.3	0.895	83
6	3.3	6.9	0.898	84
7	3.4	7.0	0.913	84
8	3.5	7.6	0.899	86
9	3.9	8.5	0.898	88
10	4.0	8.9	0.893	89
11	4.2	9.4	0.866	89
12	4.4	10.0	0.877	92
13	4.6	10.8	0.893	94
14	4.8	11.1	0.905	93
15	5.0	11.7	0.862	94
16	5.4	12.8	0.897	95
17	5.6	13.9	0.858	99
18	6.1	14.9	0.858	98
19	6.5	17.0	0.877	105
20	4.6	12.3	0.880	107
21	7.4	20.8	0.863	113
22	7.8	22.9	0.864	117
23	8.2	24.1	0.857	117
24	8.8	25.8	0.861	118
25	9.4	28.1	0.848	120
26	10.4	32.0	0.831	124
27	11.2	35.8	0.845	128
28	12.7	42.4	0.862	133
29	14.7	51.0	0.829	139
30	19.9	82.0	0.838	165
（空白）	2.3	5.3	0.882	94

为进一步分析不同地区之间的销售量、销售额及价格差异，将各地区第 1 档与第 30 档整理如表 3-18 所示。

表 3-18　不同地区第 1 档与第 30 档零售户销售情况

档次	销售量（箱）		销售金额（万元）		满足率		价格（元/条）	
	1	30	1	30	1	30	1	30
岑巩	1.5	16.9	3.4	85.2	0.93	0.87	95	202
从江	2.6	20.5	4.8	70.5	0.96	0.87	72	137
丹寨	0.1	2.7	0.3	10.1	0.93	0.97	102	149
黄平	2.3	17.8	4.0	63.3	0.95	0.96	68	142
剑河	1.8	20.7	3.2	79.2	0.89	0.76	71	153
锦屏	1.9	18.3	4.2	68.4	0.95	0.85	87	150
凯里	2.0	24.8	4.6	118.0	0.87	0.85	95	190
雷山	2.7	20.9	5.2	77.1	0.77	0.94	78	147
黎平	1.6	20.0	3.6	77.7	0.86	0.83	90	156
麻江	2.0	16.7	3.7	58.1	0.87	0.82	74	139
榕江	2.0	17.6	4.2	67.4	0.91	0.73	85	153
三穗	1.8	20.6	3.6	79.4	0.9	0.88	80	155
施秉	2.1	20.1	3.4	77.0	0.97	0.95	65	153
台江	2.3	23.0	3.8	103.7	0.89	0.83	66	181
天柱	1.6	18.0	3.2	78.5	0.9	0.77	78	174
镇远	1.9	18.0	3.6	70.5	0.88	0.84	77	157

由表 3-18 可以看出，除丹寨外，第 1 档零售户销售量最低为岑巩，平均销售 1.5 箱，最高为雷山，平均销售 2.7 箱；第 30 档零售户销售量最低为麻江，平均销售 16.7 箱，最高为凯里，平均销售 24.8 箱。除丹寨外，第 1 档零售户销售额最低为剑河和天柱，平均销售额均为 3.2 万元，最高为雷山，平均销售额为 5.2 万元；第 30 档零售户销售量最低为麻江，平均销售额为 58.1 万元，最高为凯里，平均销售额 118.0 万元。第 1 档零售户销售价格最低为施秉，平均销售价格为 65 元/条，最高为丹寨，平均销售价格为 102 元/条；第 30 档零售户销售价格最低为从江，平均销售价格为 137 元/条；最高为岑巩，平均销售价格为 202 元。

从第 1 档和第 30 档的平均价格差距来看，如图 3-13 所示，可以看出，丹寨零售户的差距最小，第 30 档零售户销售的平均价格比第 1 档的平均价格高 47 元/条。台江零售户平均价格差距最大，第 30 档零售户销售的平均价格比第 1 档的平均价格高 115 元/条。

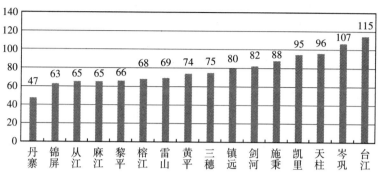

图 3-13 不同地区第 1 档与第 30 档零售户卷烟平均价格差距（元/条）

6. 不同商圈

从不同的商圈卷烟销售情况看，2016 年旅客中转区的零售户平均销售量与销售额在所有商圈中最高，分别为 13.3 箱和 47.6 万元，而自然村零售户均销量与销售额在所有商圈中最低，分别为 3.8 箱和 7.1 万元。从销售价格来看，休闲娱乐区的零售户平均销售价格最高，为 151 元/条。具体如表 3-19 所示。

表 3-19　2016 年不同商圈卷烟销售情况

	需求量（箱）	销售量（箱）	销售额（万元）	满足率	价格（元/条）
部队区	5.7	5.7	14.8	1.0	104
城郊结合部	5.7	5.1	12.5	0.9	98
高档居民区	9.0	7.9	28.0	0.9	141
工业区	9.4	8.0	27.2	0.9	136
行政边界（地界）	5.0	4.7	10.1	0.9	87
行政边界（省界）	5.7	4.8	11.1	0.8	92
行政村	4.3	3.8	7.7	0.9	82
集镇	6.5	5.5	13.3	0.8	97
交通枢纽区	7.5	6.8	24.9	0.9	146
郊区	5.3	4.9	11.4	0.9	94
教育区	7.7	6.9	22.2	0.9	129
流动人口区	6.4	5.4	12.9	0.8	96
旅客中转区	14.6	13.3	47.6	0.9	143

	需求量（箱）	销售量（箱）	销售额（万元）	满足率	价格（元/条）
旅游区	8.6	7.5	23.6	0.9	127
偏远乡村	5.2	4.5	8.9	0.9	78
其他	9.0	7.4	18.2	0.8	99
商业区	7.2	6.3	20.6	0.9	130
乡村主干道	4.9	4.3	9.0	0.9	85
乡镇所在地	6.4	5.3	12.1	0.8	91
休闲娱乐区	12.3	10.0	37.9	0.8	151
学区	6.1	5.8	15.8	1.0	109
一般居民区	5.5	5.0	14.8	0.9	119
政务区	11.9	10.3	36.8	0.9	143
自然村	4.1	3.8	7.1	0.9	76

从不同地区不同商圈销售量看，岑巩教育区零售户平均销售量最大，平均每户销售 11 箱，其次是休闲娱乐区，平均每户销售 10 箱；从江和锦屏高档居民区零售户平均卷烟销售量最大，平均每户销售量分别为 12 箱和 16 箱；黄平、剑河、雷山、镇远工业区零售户平均卷烟销售量最大，平均每户销售量分别为 12 箱、16 箱、24 箱和 15 箱；三穗流动人口区零售户平均卷烟销售量最大，平均每户销售量为 11 箱；黎平旅客中转区零售户平均卷烟销售量最大，平均每户销售量为 25 箱；凯里、施秉和台江旅游区零售户平均卷烟销售量最大，平均每户销售量分别为 92 箱、14 箱和 14 箱；榕江和天柱休闲娱乐区零售户平均卷烟销售量最大，平均每户销售量分别为 11 箱和 8 箱；麻江在其他商圈的零售户平均卷烟销售量最大，平均每户销售量为 13 箱，如表 3-20 所示。

表 3-20　2016 年不同地区不同商圈零售户平均卷烟销售量（箱）

	岑巩	从江	丹寨	黄平	剑河	锦屏	凯里	雷山	黎平	麻江	榕江	三穗	施秉	台江	天柱	镇远
部队区				6												
城郊结合部			2	6	12			10	5	5	8	5	4	5	3	12
高档居民区	5	12	2	5	12	16	8		6	6	3		10	13	3	14
工业区		7	0	12	16	12	0	24		6	10	3	13	11	6	15

续表

	岑巩	从江	丹寨	黄平	剑河	锦屏	凯里	雷山	黎平	麻江	榕江	三穗	施秉	台江	天柱	镇远
行政边界（地界）	5		1	5					3	6		4	5	10	4	4
行政边界（省界）		5							6			4			4	
行政村		0	1	4	3	5		4	4	6	4		7	4	4	4
集镇	5		0	6	6	5	4		11	6		5	7	6	6	5
交通枢纽区	8	0	0	8	8		7				3		17	6	5	4
郊区				5	6			7	5			5	2	5		3
教育区	11			3			7	14				7		4	2	5
流动人口区	8	9	1	7	5		5	8	6	9	5	11	7	5	4	6
旅客中转区							22	13	25	4	7	5		5		2
旅游区		7	0	4	6	7	92	7	5	7	4	8	14	14		8
偏远乡村	4	5	0	2	4	5		3	4		4	3	4	3		4
其他	6			5	7	10		12		13					4	14
商业区	6		1	7	5	9	7	9	6	7	6	5	6	6	5	5
乡村主干道	4	6	2	4	3		4	4			3	5	4	4	4	4
乡镇所在地		6	1	7	4	5	64	6	4		3	5	6	6	4	5
休闲娱乐区	10		1	0	5			4	17	3	11				8	10
学区				7				23	4			4				4
一般居民区	4	6	1	6	3	6	9	7	4	5	5	4	5	5	3	4
政务区			2	3				10	17	6			7	10	9	10
自然村	5	0	0	4	3	4		4	4	5	4	3	4	4	3	4

从不同地区不同商圈价格看，从江、黄平、剑河、锦屏、天柱高档居民区零售户平均价格最高，平均销售价格分别为 142 元/条、166 元/条、195 元/条、170 元/条、151 元/条；雷山和剑河工业区零售户平均价格最高，平均销售价格分别为 182 元/条和 160 元/条；丹寨和凯里交通枢纽区区零售户平均价格最高，平均销售价格分别为 221 元/条和 151 元/条；麻江和镇远旅客中转区零售户平均价格最高，平均销售价格分别为 210 元/条和 156 元/条；三穗旅游区零售户平均价格最高，平均销售价格为 142 元/条；岑巩和榕江休闲娱乐区零售户平均价格最高，

平均销售价格分别为 170 元/条和 147 元/条；黎平和施秉政务区零售户平均价格最高，平均销售价格分别为 174 元/条和 149 元/条。具体如表 3-21 所示。

表 3-21　2016 年不同商圈零售户卷烟平均价格（元/条）

	岑巩	从江	丹寨	黄平	剑河	锦屏	凯里	雷山	黎平	麻江	榕江	三穗	施秉	台江	天柱	镇远
部队区				104												
城郊结合部			95	107	99		101	91	109	117	101	110	102	94		131
高档居民区	156	142	140	166	195	170	138		131	119	140		140	140	151	141
工业区		101	122	147	160	130		182		101	87	82	143	153	141	146
行政边界（地界）	98		70	81				95	68		72	79	105	85	96	
行政边界（省界）		82						99				75			88	
行政村			77	83	73	92		76	84	73	87	80	72	73	95	78
集镇	100		86	90	89	96	77		149	83		90	84	89	98	87
交通枢纽区	166		221	127	147		151				116	123	142	130	139	116
郊区				89	81			98	100		105	93	90		120	
教育区	121			96			132	141				93		118	103	82
流动人口区	153	98	109	132	163		81	143	127	120	103	117	94	117	121	128
旅客中转区							146	138	144	210	109	114		95		156
旅游区		81	122	83	131	124	76	125	115	96	99	142	191	153		132
偏远乡村	81	76	72	70	85	87		70	78		82	79	78	68		66
其他	100			88	97	113		143	90	142	162	84			92	138
商业区	169		109	132	125	159	131	110	138	119	124	114	110	121	165	106
乡村主干道	146	86	85	79	79	101		82	97	79	92	77	73	80	97	80
乡镇所在地		88	84	95	89	101	71	81	90	83	94	87	108	87	97	90
休闲娱乐区	170		186		155			124	153	95	147				170	149
学区				99				142	150			72				88
一般居民区	148	120	105	100	115	140	115	113	115	109	117	110	98	111	128	122
政务区			108	109				118	174	99			149	121	117	130
自然村	93	76	77	72	72	88		74	84	71	80	82	69	72	86	75

（二）不同类型

1. 总体分析

根据零售户销售情况数据，得到 2014~2016 年城镇与乡村零售户需求量、销售量、销售额、满足率及平均价格，如表 3-22 所示。

表 3-22　2014~2016 年不同市场类型零售户卷烟销售情况

类别	需求量（箱）			销售量（箱）			销售额（箱）			满足率			价格（万元）		
年度	2014	2015	2016	2014	2015	2016	2014	2015	2016	2014	2015	2016	2014	2015	2016
城镇	15	10.5	7.7	5.7	6.3	6.6	16.9	19.5	20.7	0.38	0.6	0.86	119	124	125
乡村	7.1	6.2	4.9	4.2	4.2	4.3	7.8	8.8	8.9	0.59	0.68	0.88	74	83	82
平均	11	8.3	6.3	4.9	5.3	5.5	12.4	14.2	14.8	0.45	0.63	0.87	100	108	108

由表 3-22 可以看出，在 2014~2016 年，城镇与乡村的零售户平均每户卷烟需求量均在减少，而销售量、销售额、满足率在逐步增加。在零售户平均销售价格方面，城镇地区逐步上升，但 2016 年较 2015 年增幅较小；乡村地区在 2015 年价格上升较快，而在 2016 年略微下降。

从销售量、销售额及平均价格增幅来看，如图 3-14 所示，城镇与乡村地区销售量 2015 年较 2014 年分别增长 10.53% 和 0%，2016 年较 2015 年分别增长 4.76% 和 2.38%；销售额 2015 年较 2014 年分别增长 15.38% 和 12.82%，2016 年

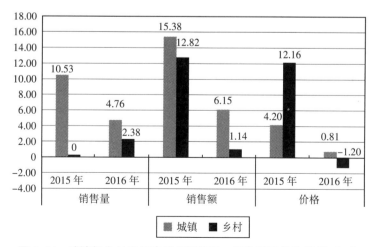

图 3-14　城镇与乡村零售户卷烟销售量、销售额及价格增幅（%）

较 2015 年分别增长 6.15% 和 1.14%；价格 2015 年较 2014 年分别增长 4.20% 和
12.16%，2016 年较 2015 年增长 0.81% 和 -1.20%。因此，从增速来看，城镇与乡
村地区 2016 年较 2015 年在销售额和价格增速均在下降，且乡村地区下降幅度较
大。从销售量来看，乡村地区增速 2016 年较 2015 年上升，而城镇地区则处于下
降趋势。

2. 不同业态

从城镇与乡村的市场业态看，烟酒商店业态城镇零售户需求量最高，达到
11.4 箱；超市业态乡村零售户需求量最高，达到 8.3 箱。从销售量来看，超市业
态城镇与乡村零售户销售量均最高，分别为 9.9 箱和 7.0 箱。从销售额来看，烟
酒商店业态城镇零售户最高，达到 48.7 万元；超市业态乡村零售户最高，为
17.4 万元。从价格来看，烟酒商店业态城镇零售户平均价格最高，为 209 元/条；
超市业态乡村零售户平均价格最高，为 99 元/条。在满足率上，城镇和乡村几乎
无明显的差异，均达到 0.8 以上。具体如表 3-23 所示。

表 3-23　2016 年不同类型不同业态零售户卷烟销售情况

	需求量（箱）		销售量（箱）		销售额（万元）		满足率		价格（元/条）	
	城镇	乡村	城镇	乡村	城镇	乡村	城镇	乡村	城镇	乡村
便利店	10.1	6.6	8.9	5.7	33.1	13.7	0.88	0.87	149	95
超市	11.2	8.3	9.9	7.0	36.4	17.4	0.88	0.85	147	99
其他	6.4	4.4	5.7	3.8	16.8	7.9	0.88	0.86	119	84
食杂店	7.6	4.9	6.5	4.3	19.2	8.8	0.86	0.88	118	82
烟酒商店	11.4		9.3		48.7		0.82		209	
娱乐服务	4.8	5.1	4.3	4.2	14.4	9.8	0.90	0.82	133	94
总计	7.7	4.9	6.6	4.3	20.7	8.9	0.86	0.88	125	82

3. 不同规模

城镇与乡村不同规模的零售户其需求量、销售量、销售额及价格均随着规模
的减小而降低，满足率基本上随着规模的减小而升高。城镇地区大规模零售户平
均每户销售量为 11.3 箱，乡村地区大规模零售户平均每户销售量为 8.3 箱，城镇
较乡村地区多 3 箱；小规模零售户口城镇与乡村地区平均每户销售量分别为 2.2
箱和 2.4 箱，城镇较乡村地区少 0.2 箱。城镇地区大规模零售户平均每户销售额

为 37.7 万元，乡村地区大规模零售户平均每户销售额为 18.9 万元，城镇几乎是乡村的 2 倍；小规模零售户口城镇与乡村地区平均每户销售额分别为 5.7 万元和 4.4 万元，城镇较乡村地区多 1.3 万元。城镇地区大规模零售户平均价格为 134 元/条，乡村地区大规模零售户平均价格为 91 元/条，城镇较乡村地区多 43 元/条；小规模零售户口城镇与乡村地区平均价格分别为 104 元/条和 74 元/条，城镇较乡村地区多 30 元/条。具体如表 3-24 所示。

表 3-24　2016 年不同类型不同规模零售户卷烟销售情况

	需求量（箱）		销售量（箱）		销售额（万元）		满足率		价格（元/条）	
	城镇	乡村	城镇	乡村	城镇	乡村	城镇	乡村	城镇	乡村
大	13.2	10.0	11.3	8.3	37.7	18.9	0.85	0.83	134	91
中	5.8	4.9	5.0	4.3	14.7	8.7	0.88	0.89	116	81
小	2.5	2.6	2.2	2.4	5.7	4.4	0.87	0.91	104	74
平均	7.7	4.9	6.6	4.3	20.7	8.9	0.86	0.88	125	82

4. 不同商圈

从城镇与乡村不同商圈零售户看，城镇地区零售户平均每户需求量旅客中转区最大、行政村最小，分别为 16.4 箱和 3.6 箱，乡村地区零售户平均每户需求量高档居民区最大、交通枢纽区最小，分别为 9.5 箱和 3.8 箱。城镇地区零售户平均每户销售量旅客中转区最大、行政村最小，分别为 14.9 箱和 3.0 箱，乡村地区零售户平均每户销售量高档居民区最大、交通枢纽区最小，分别为 8.3 箱和 3.7 箱。可以看出，城镇与乡村零售户平均每户需求量与销售量相对应。城镇地区零售户平均每户销售额旅客中转区最大、行政村最小，分别为 54.5 万元和 7.2 万元，乡村地区零售户平均每户销售额高档居民区最大、学区最小，分别为 23.2 万元和 7.0 万元。城镇地区零售户平均价格休闲区最大、自然村和部队区最小，分别为 155 元/条和 84 元/条，乡村地区零售户平均价格高档居民区最大、学区最小，分别为 112 元/条和 72 元/条。除高档居民区和部队区外，其他商圈乡村地区满足率均高于城镇地区。具体如表 3-25 所示。

表 3-25 2016 年不同类型不同商圈零售户卷烟销售情况

	需求量（箱）		销售量（箱）		销售额（万元）		满足率		价格（元/条）	
	城镇	乡村	城镇	乡村	城镇	乡村	城镇	乡村	城镇	乡村
部队区	4.0	6.3	4.0	6.3	8.0	17.0	1.00	1.00	84	108
城郊结合部	6.3	4.9	5.6	4.5	15.0	9.4	0.89	0.91	108	84
高档居民区	9.0	9.5	7.9	8.3	28.0	23.2	0.88	0.87	141	112
工业区	9.5	8.2	8.1	7.3	28.1	16.7	0.85	0.89	139	92
行政边界（地界）	5.9	4.6	5.5	4.3	12.8	9.0	0.92	0.93	94	83
行政边界（省界）	7.4	4.8	6.0	4.2	15.7	8.6	0.82	0.87	104	82
行政村	3.6	4.3	3.0	3.8	7.2	7.7	0.84	0.87	95	81
集镇	7.0	5.9	5.8	5.0	15.3	10.4	0.83	0.85	106	83
交通枢纽区	7.6	3.8	6.8	3.7	25.1	8.3	0.90	0.98	147	89
郊区	6.4	4.3	5.8	4.1	14.0	9.3	0.90	0.96	96	90
教育区	7.9	6.7	7.1	5.9	24.0	14.6	0.90	0.88	135	99
流动人口区	7.5	5.5	6.5	4.6	18.0	9.1	0.86	0.83	111	79
旅客中转区	16.4	5.9	14.9	5.7	54.5	14.1	0.91	0.97	147	99
旅游区	8.9	7.2	7.7	6.4	25.6	15.0	0.86	0.89	133	93
偏远乡村	5.6	5.2	4.7	4.5	11.8	8.7	0.84	0.87	100	76
其他	12.1	6.6	9.7	5.6	26.7	11.9	0.80	0.86	110	85
商业区	7.7	5.3	6.8	4.7	23.6	9.5	0.88	0.88	139	81
乡村主干道	5.2	4.9	4.4	4.3	9.4	9.0	0.85	0.87	86	85
乡镇所在地	6.7	5.8	5.6	4.8	13.0	10.7	0.84	0.83	92	88
休闲娱乐区	12.7	9.1	10.2	8.1	39.7	21.7	0.81	0.88	155	108
学区	7.3	4.0	6.9	4.0	20.9	7.0	0.94	0.99	121	72
一般居民区	5.6	4.2	5.0	3.9	15.1	9.5	0.90	0.92	120	99
政务区	12.5	7.1	10.8	6.4	39.5	15.5	0.87	0.90	146	98
自然村	4.4	4.1	4.0	3.8	8.3	7.1	0.90	0.91	84	76
平均	7.7	4.9	6.6	4.3	20.7	8.9	0.86	0.88	125	82

5. 不同档次

从不同类型不同档次的零售户来看，除无档次零售户外，同一档次城镇较乡村销售量大的档次有 24 个，同一档次城镇较乡村销售量相等的档次有 5 个。对于平均每户零售户的销售额与平均价格，同一档次城镇均比乡村高。对于满足率，除无档次零售户外，同一档次城镇较乡村高的档次有 14 个，同一档次城镇较乡村相等的档次有 1 个。从同一档次不同类型差距来看，销售量、销售额均在第 1 档次相差最小，在第 30 档次相差最大；价格在第 11 档次相差最小为 11 元，在第 20 档次相差最大为 73 元。具体如表 3-26 所示。将销售量、销售额、满足率、价格同一档次的城镇数据减去农村数据，结果如图 3-15 所示。

表 3-26 2016 年不同类型不同档次零售户卷烟销售情况

档次	需求量（箱）		销售量（箱）		销售额（万元）		满足率		价格（元/条）	
	城镇	乡村	城镇	乡村	城镇	乡村	城镇	乡村	城镇	乡村
1	2.1	2.1	1.8	1.9	4.5	3.3	0.85	0.92	99	69
2	2.8	2.7	2.5	2.4	5.9	4.4	0.89	0.90	96	72
3	3.1	2.9	2.7	2.7	6.5	4.9	0.86	0.91	97	74
4	3.3	3.2	2.8	2.9	7.0	5.5	0.86	0.92	99	75
5	3.6	3.3	3.1	3.0	7.6	5.7	0.85	0.92	99	75
6	4.0	3.5	3.4	3.2	8.5	6.1	0.87	0.92	99	75
7	3.8	3.6	3.4	3.3	8.6	6.4	0.90	0.92	101	76
8	3.9	3.9	3.5	3.5	8.9	6.9	0.90	0.91	102	77
9	4.5	4.2	3.9	3.8	10.2	7.5	0.88	0.91	103	79
10	4.6	4.4	4.1	4.0	10.7	7.8	0.88	0.90	105	78
11	5.3	4.6	4.4	4.1	11.3	8.2	0.84	0.89	102	80
12	5.1	4.9	4.4	4.4	11.4	8.8	0.86	0.89	104	81
13	5.4	5.0	4.7	4.6	12.8	9.3	0.87	0.92	109	81
14	5.4	5.2	4.9	4.7	13.1	9.6	0.90	0.91	108	82
15	5.8	5.8	5.0	4.9	13.7	10.1	0.87	0.90	108	82
16	6.1	6.0	5.4	5.4	14.7	11.2	0.89	0.90	109	83
17	6.5	6.6	5.7	5.5	16.2	11.6	0.88	0.83	113	84
18	7.0	7.2	6.2	6.0	17.3	12.4	0.89	0.83	112	83
19	7.5	7.2	6.6	6.2	19.2	13.5	0.88	0.87	116	87
20	5.2	5.3	4.6	4.6	13.5	10.0	0.89	0.87	118	87
21	8.8	7.8	7.6	6.9	22.8	15.6	0.86	0.89	121	90
22	9.2	8.7	8.0	7.4	25.4	16.5	0.87	0.85	127	89

续表

档次	需求量（箱）		销售量（箱）		销售额（万元）		满足率		价格（元/条）	
	城镇	乡村	城镇	乡村	城镇	乡村	城镇	乡村	城镇	乡村
23	9.5	9.9	8.4	7.9	26.2	17.7	0.88	0.81	126	89
24	10.4	9.5	9.0	8.2	28.3	18.9	0.86	0.87	126	92
25	11.1	10.8	9.5	9.0	29.8	20.7	0.85	0.83	126	92
26	12.7	11.8	10.6	9.5	34.7	22.7	0.84	0.81	131	95
27	13.3	13.2	11.4	10.4	37.9	24.7	0.86	0.79	133	95
28	14.8	14.7	12.8	12.4	44.2	31.3	0.87	0.84	138	101
29	17.7	18.7	14.8	14.3	52.6	35.9	0.84	0.76	142	101
30	23.8	22.2	20.0	17.5	83.8	41.1	0.84	0.79	167	94
平均	7.7	4.9	6.6	4.3	20.7	8.9	0.86	0.88	125	82

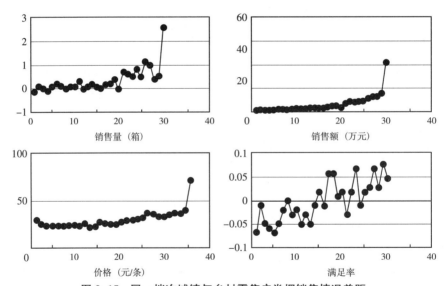

图 3-15　同一档次城镇与乡村零售户卷烟销售情况差距

由图 3-15 可以看出，城镇地区销售量与农村地区销售量、销售额、平均价格与满足率，其差距总体上均随着档次的增加而增加。而对于满足率，在档次低时农村较城镇易满足，在档次高时，城镇较农村易满足。

（三）不同规模

1. 总体分析

根据零售户销售情况数据，得到 2014~2016 年不同规模零售户需求量、销售量、销售额、满足率及平均价格，如表 3-27 所示。

表 3-27　2014~2016 年规模零售户卷烟销售情况

	年份	大	中	小	平均
需求量（箱）	2014	21.74	9.03	5.22	11.04
	2015	14.64	7.31	4.37	8.35
	2016	12.43	5.26	2.57	6.30
销售量（箱）	2014	7.24	4.64	3.24	4.95
	2015	8.17	4.86	3.15	5.26
	2016	10.54	4.64	2.30	5.48
销售额（万元）	2014	21.78	10.73	6.65	12.35
	2015	26.17	12.08	7.03	14.17
	2016	33.13	11.37	4.89	14.83
满足率	2014	0.33	0.51	0.62	0.45
	2015	0.56	0.66	0.72	0.63
	2016	0.85	0.88	0.90	0.87
价格（元/条）	2014	120	93	82	100
	2015	128	99	89	108
	2016	126	98	85	108

由表 3-27 可以看出，在 2014~2016 年，不同规模的零售户平均每户卷烟需求量均在降低，满足率在增加，平均价格均在 2015 年上升 2016 年下降。大型规模的零售户销售量与销售额在上升，而中型规模的零售户均在销售量与销售额在 2015 年上升 2016 年下降，小型规模零售户的销售量与销售额均在递减。

从增长率看，大型零售户平均销售量 2015 年增幅为 13%，2016 年增幅为 29%；平均销售额 2015 年增幅为 20%，2016 年增幅为 27%；价格在 2015 年增幅为 7%，2016 年下降 2%。中型零售户平均销售量 2015 年增幅为 5%，2016 年下降 5%；平均销售额 2015 年增幅为 13%，2016 年下降 6%；价格在 2015 年增幅为 6%，2016 年下降 1%。小型零售户平均销售量 2015 年下降 3%，2016 年下降 27%；平均销售额 2015 年增幅为 6%，2016 年下降 30%；价格在 2015 年增幅为 9%，2016 年下降 4%，具体如图 3-16 所示。

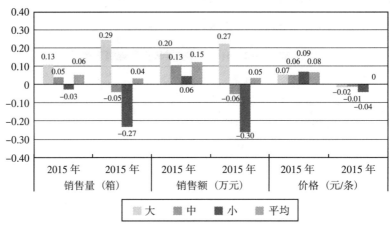

图 3-16　2015~2016 年不同规模零售户卷烟销售量、销售额及价格增长率

从不同规模零售户销量、销售额及价格增长率看，大规模零售户几乎均在销售量和销售额，甚至价格增长方面较中、小规模占主要优势，应该继续保持大规模的零售户销售优势，同时为了发挥中、小规模在销售量和销售额方面潜力，应该给予更多激励。

2. 不同业态

对于不同规模不同业态的零售户，从需求量看，2016 年大型、中型、小型零售户的平均需求量为 12.43 箱、5.26 箱和 2.57 箱，其中大型零售户中烟酒商店需求量最高为 22.2 箱，中型、小型零售户中超市业态需求量均最高，分别为 10.0 箱和 3.8 箱。各业态的需求量均随规模的减小而降低。

从具体销售量看，在不同规模中，娱乐服务均在各业态中销售量最低，在大型、中型、小型销售量依次为，8.5 箱、3.4 箱、1.3 箱。各业态的销售量均随规模的减小而降低。

从销售额看，大型、中型和小型零售户中烟酒商店业态销售额均最高，分别为 101.5 箱、38.6 箱和 13.5 箱。各业态的销售额均随规模的减小而降低。

从满足率看，除了在其他业态外，规模越大，满足率越低，即各业态的满足率均随规模的减小而增加。

对不同规模不同业态零售户平均价格而言，大型、中型和小型零售户中烟酒商店业态平均价格均最高，分别为 223 元/条、和 173 元/条、200 元/条。便利店、超市、其他、食杂店、烟酒商店业态大型零售户价格最高，小型零售户价格次之，中型零售户价格最低。娱乐服务业态中型零售户的价格最高，大型零售户价格次之，小型零售户价格最小。具体如表 3-28 所示。

表 3-28 不同规模不同业态零售户卷烟销售情况

		便利店	超市	其他	食杂店	烟酒商店	娱乐服务	平均
需求量（箱）	大	18.4	20.7	11.4	12.1	22.2	9.6	12.4
	中	8.0	10.0	5.1	5.1	9.4	3.9	5.3
	小	2.6	3.8	2.6	2.5	3.6	1.4	2.6
销售量（箱）	大	15.9	17.5	10.2	10.2	18.2	8.5	10.5
	中	7.2	9.0	4.4	4.5	7.7	3.4	4.6
	小	2.4	3.6	2.1	2.3	3.1	1.3	2.3
销售额（万元）	大	64.2	68.8	32.0	30.6	101.5	27.7	33.1
	中	23.4	31.0	11.6	10.2	38.6	10.6	11.4
	小	6.5	11.2	5.2	4.6	13.5	5.2	4.9
满足率	大	0.86	0.84	0.89	0.85	0.82	0.89	0.85
	中	0.90	0.90	0.87	0.89	0.82	0.90	0.88
	小	0.91	0.95	0.83	0.90	0.86	0.93	0.90
价格（元/条）	大	162	158	126	120	223	130	126
	中	110	124	96	80	173	155	98
	小	130	138	106	91	200	123	85

从各业态不同规模零售户的销售量、销售额和价格差距来看，如表 3-29 所示，大型零售户比中型零售户平均销售量要多 5.9 箱，平均销售额要多 21.7 万元，平均价格要高 28 元/条。中型零售户比小型零售户口平均销售量多 2.3 箱，平均销售额多 6.5 万元，平均价格高 13 元/条。具体业态而言，烟酒商店大型规模销售量比中型多 5.1 箱，其差距在所有业态中最高；便利店中型规模销售量比小型多 4.8 箱，其差距在所有业态中最高。烟酒商店不同规模的销售额差距最大，大型比中型规模零售户多 62.9 万元，中型比小型规模零售户多 25.1 万元。

烟酒商店大型零售户销售价格比中型零售户销售价格多 50 元/条，价格差距在所有业态中最高。娱乐服务中型零售户销售价格比小型零售户销售价格高 30 元/条，价格差距在所有业态中最高。

表 3-29　不同业态不同规模零售户卷烟销售量、销售额及价格差距

		便利店	超市	其他	食杂店	烟酒商店	娱乐服务	平均
销售量（箱）	大	8.7	8.5	5.8	5.7	10.5	5.1	5.9
	中	4.8	5.4	2.3	2.2	4.6	2.1	2.3
销售额（万元）	大	40.8	37.8	20.4	20.4	62.9	17.1	21.7
	中	16.9	19.8	6.4	5.6	25.1	5.4	6.5
价格（元/条）	大	52.0	34.0	30.0	40.0	50.0	−25.0	28.0
	中	−20.0	−14.0	−10.0	−11.0	−27.0	32.0	13.0

3. 不同商圈

对于不同规模不同商圈的零售户，由表 3-30 可以看出，各商圈零售户平均需求量、销售量、销售额均随规模的降低而减少。除旅客中转区和休闲娱乐区，其他商圈零售户平均价格均随规模的降低而降低。从旅游中转区的价格可以看出，小规模的平均价格为 156 元/条，中规模的平均价格为 153 元/条，大规模的平均价格为 142 元/条。休闲娱乐区的小规模的平均价格为 162 元/条，中规模的平均价格为 150 元，大规模的平均价格为 152 元/条。

表 3-30　不同业态不同商圈零售户卷烟销售情况

	需求量（箱）			销售量（箱）			销售额（万元）			满足率			价格（元/条）		
	大	中	小	大	中	小	大	中	小	大	中	小	大	中	小
部队区		6.3	4.0		6.3	4.0		16.9	8.4		1.00	1.00		108	84
城郊结合部	10.9	5.4	2.7	10.1	4.8	2.5	30.8	10.9	5.1	0.93	0.89	0.90	122	91	83
高档居民区	13.5	6.6	2.8	11.7	6.0	2.3	42.5	20.1	6.7	0.87	0.91	0.84	146	135	116
工业区	14.3	5.8	2.1	12.0	5.0	1.8	42.7	15.2	4.4	0.84	0.87	0.84	142	121	100
行政边界（地界）	9.3	4.9	2.9	8.5	4.6	2.7	21.3	9.8	4.8	0.91	0.94	0.93	100	85	73
行政边界（省界）	11.7	5.2	2.4	9.7	4.5	2.1	25.5	9.7	4.2	0.82	0.85	0.90	106	87	78
行政村	8.6	4.3	2.4	7.0	3.8	2.2	15.4	7.7	4.2	0.82	0.88	0.92	88	81	75
集镇	12.3	5.5	3.0	10.2	4.6	2.5	28.6	10.2	4.7	0.83	0.84	0.84	112	88	76

续表

	需求量（箱）			销售量（箱）			销售额（万元）			满足率			价格（元/条）		
	大	中	小	大	中	小	大	中	小	大	中	小	大	中	小
交通枢纽区	13.7	6.4	2.1	12.2	5.9	2.0	47.3	20.6	6.1	0.89	0.91	0.94	155	141	122
郊区	9.9	5.2	2.4	9.8	4.7	2.3	24.1	10.9	4.5	0.99	0.91	0.95	99	94	78
教育区	13.9	6.6	3.1	12.2	6.0	2.9	43.8	17.7	8.0	0.88	0.91	0.92	144	118	110
流动人口区	12.2	5.8	3.0	10.3	4.9	2.5	28.0	11.2	4.5	0.85	0.85	0.82	109	91	73
旅客中转区	20.8	5.3	1.5	18.9	5.0	1.5	66.8	19.1	6.3	0.90	0.94	1.00	142	153	156
旅游区	13.2	5.9	2.3	11.3	5.2	2.1	37.1	15.4	5.5	0.86	0.88	0.92	131	119	105
偏远乡村	8.8	5.3	2.8	8.0	4.5	2.6	16.4	8.8	4.7	0.91	0.85	0.93	82	78	73
其他	14.4	6.0	2.5	11.5	5.2	2.2	30.5	11.6	4.5	0.80	0.86	0.90	106	89	80
商业区	12.9	5.7	2.5	11.3	5.1	2.2	41.0	14.8	6.1	0.87	0.89	0.88	146	117	109
乡村主干道	9.6	5.1	2.5	8.0	4.5	2.2	17.8	9.4	4.4	0.83	0.88	0.90	89	84	79
乡镇所在地	11.5	5.3	2.9	9.5	4.5	2.4	22.8	9.8	4.9	0.80	0.83	0.83	96	88	81
休闲娱乐区	15.0	7.6	1.6	12.1	6.5	1.4	45.7	24.4	5.8	0.80	0.86	0.88	152	150	162
学区	25.0	4.5	3.0	23.0	4.5	3.0	81.0	10.2	5.9	0.90	0.98	0.97	142	91	84
一般居民区	10.6	5.0	2.1	9.3	4.5	1.9	29.1	13.0	5.4	0.88	0.91	0.90	125	116	112
政务区	14.4	5.7	3.5	12.4	5.3	3.5	44.9	17.2	9.3	0.86	0.93	1.00	145	129	114
自然村	8.3	4.5	2.6	6.9	4.1	2.4	14.4	7.8	4.2	0.83	0.92	0.94	84	76	70
总计	12.4	5.3	2.6	10.5	4.6	2.3	33.1	11.4	4.9	0.85	0.88	0.90	126	98	85

对于不同规模各商圈需求量、销售量、销售额及价格最大值与最小值差距，由图3-17可以看出，需求量、销售量及销售额均随规模的减小而减小，价格随

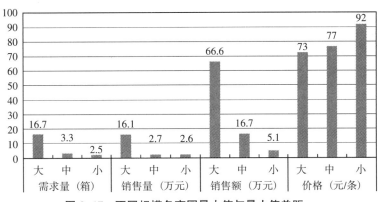

图3-17 不同规模各商圈最大值与最小值差距

着规模的减小而增加。从中可以看出，在小规模中有高结构群体存在。

4. 不同档次

对于不同规模不同档次的零售户，由表 3-31 可以看出，大规模零售户处于第 16~30 档，小规模零售户处于第 1~19 档和第 21 档，具体如表 3-31 所示。

表 3-31 不同规模不同档次零售户卷烟销售情况

档次	需求量（箱）			销售量（箱）			销售额（万元）			满足率			价格（元/条）		
	大	中	小	大	中	小	大	中	小	大	中	小	大	中	小
1		1.8	2.1		1.4	1.9		5.4	3.7		0.79	0.90		152	78
2		2.4	2.7		2.3	2.5		7.4	4.8		0.95	0.90		129	78
3		2.9	3.0		2.6	2.7		6.9	5.4		0.90	0.90		105	80
4		3.4	3.1		3.1	2.8		6.1	6.0		0.90	0.90		78	85
5		3.5	3.0		3.1	2.8		6.1	7.0		0.89	0.93		79	101
6		3.7	3.9		3.3	3.3		6.9	8.8		0.90	0.84		83	108
7		3.7	3.3		3.4	3.1		7.0	7.7		0.91	0.95		84	98
8		3.9	3.3		3.5	2.9		7.5	9.7		0.90	0.91		85	131
9		4.3	4.1		3.9	3.9		8.4	13.6		0.90	0.96		87	138
10		4.5	4.2		4.0	2.9		8.9	11.6		0.89	0.69		88	158
11		4.9	2.0		4.2	1.7		9.4	3.7		0.87	0.91		89	89
12		5.0	4.9		4.4	4.5		10.0	15.8		0.88	0.92		91	141
13		5.2	5.1		4.6	4.9		10.8	18.0		0.89	0.94		93	148
14		5.3	6.5		4.8	5.8		11.0	20.3		0.91	0.89		93	139
15		5.8	3.0		5.0	2.3		11.8	6.5		0.86	0.78		94	111
16	7.3	6.0	5.0	5.7	5.4	4.8	10.7	12.8	17.0	0.77	0.90	0.99	78	94	141
17	5.7	6.6	6.3	5.0	5.6	5.8	11.3	13.9	19.0	0.88	0.86	0.93	89	99	132
18	8.5	7.1	7.0	6.6	6.1	6.3	15.0	14.8	17.8	0.78	0.86	0.91	90	98	112
19	7.7	7.3	7.0	6.6	6.5	6.5	14.2	17.2	21.3	0.86	0.88	0.94	86	107	129
20	7.7	4.7		6.7	4.2		16.9	12.7		0.87	0.89		100	122	
21	8.6	8.0	13.0	7.4	7.2	8.0	20.2	27.2	23.0	0.86	0.90	0.58	110	152	123
22	9.2	8.3		7.9	7.0		22.5	27.1		0.86	0.85		114	154	
23	9.5	10.5		8.1	9.2		22.8	33.5		0.85	0.88		112	146	
24	10.2	9.9		8.8	8.8		24.7	33.3		0.86	0.89		113	151	

档次	需求量（箱）			销售量（箱）			销售额（万元）			满足率			价格（元/条）		
	大	中	小	大	中	小	大	中	小	大	中	小	大	中	小
25	11.2	10.1		9.5	8.8		27.5	32.2		0.85	0.87		116	147	
26	12.6	11.9		10.4	10.2		31.1	38.0		0.83	0.86		120	149	
27	13.5	11.8		11.4	10.4		34.7	42.6		0.84	0.88		122	164	
28	14.9	13.8		12.9	11.7		40.9	52.8		0.86	0.84		127	181	
29	17.9	16.4		14.8	14.3		49.1	73.0		0.83	0.87		133	204	
30	23.8			19.9			82.2			0.84			165		
（空白）	31.5	2.7	1.5	30.8	2.4	1.2	55.2	6.8	2.9	0.98	0.89	0.80	72	113	99
平均	12.4	5.3	2.6	10.5	4.6	2.3	33.1	11.4	4.9	0.85	0.88	0.90	126	98	85

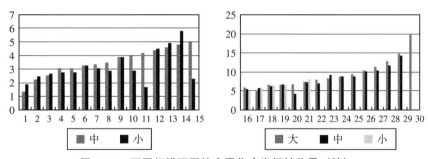

图 3-18 不同规模不同档次零售户卷烟销售量（箱）

从不同档次不同规模零售户销售量来看，总体趋势是各规模零售户销售量随档次的增加而增加，但由图 3-18 也可看出，第 1~15 档中规模零售户销售量随档次增加而增加，但小规模零售户销售量随档次变化呈无序变动。第 1~3 档、第 12~14 档中规模较小规模销售量低，第 4~11 档、第 15 档中规模较小规模销售量高，且同档次不同规模零售户销售量差距也呈无规则变动。从第 16~19 档、第 21 档各规模零售户销售量基本一致，且差距不大。第 22~29 档中，除第 23 档中规模零售户销售量较大规模高外，其他档次大规模均较中规模高。

从不同档次不同规模零售户销售额来看，总体趋势是各规模零售户销售额随档次的增加而增加，由图 3-19 可看出，第 1~15 档中规模零售户销售额随档次增加而增加，但小规模零售户销售额随档次变化呈无序变动。第 1~4 档、第 11 档、第 15 档中规模较小规模销售额高，第 5~10 档、第 12~13 档小规模较中规模销售额高，且同档次不同规模零售户销售额差距也呈无规则变动。第 16~19 档各规模零售户同档次销售量差距较小，但大规模零售户销售额低，小规模零售户销售额高。第 22~29 档中，中规模零售户销售额均较大规模零售户销售额高。

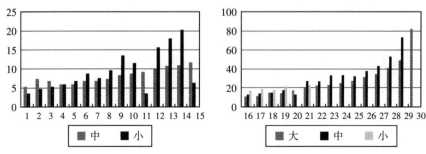

图 3-19　不同规模不同档次零售户卷烟销售额（万元）

从不同规模不同档次零售户平均销售价格来看，如图 3-20 所示，中规模零售户的平均价格在第 1~3 档逐渐降低，第 4~15 档价格基本保持不变；小规模零售户的平均价格呈不规则波动。从中规模与小规模零售户价格差距来看，第 1~3 档零售户中规模比小规模价格高，且价格差距逐渐缩小；除第 11 档两种规模价格相等外，第 4~15 档小规模零售户销售价格均较中规模零售户要高。在第 16~19 档中，小规模零售户价格最高，其次是中规模，大规模零售户价格最低，第 20~29 档中，中规模零售户价格大于大规模零售户价格。

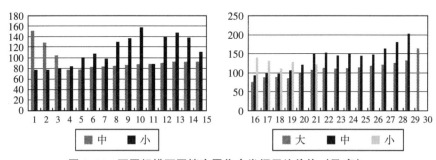

图 3-20　不同规模不同档次零售户卷烟平均价格（元/条）

（四）不同档次

1. 总体分析

不同档次 2014~2015 年销售情况如表 3-32 所示，可以看出，除第 20 档外，各年度需求量、销售量及销售额均随着档次的增加而增加。2014 年销售量极差（最低 3.2 箱，最高 9.8 箱）为 6.6 箱，2015 年为（最低 3.0 箱，最高 12.1）9.1 箱，2016 年为 18（最低 1.9 箱，最高 19.9 箱）箱，其差距逐年增加。2014 年销售额平均差额极差为 32.5 万元，2015 年为 45.4 万元，2016 年为 78.3 万元，其差距也逐年增加。这说明了在不同档次卷烟销量上，卷烟档次品牌差异区分度越来越大。

表 3-32　2014~2016 年不同档次零售户卷烟需求量、销售量与销售额

年份 档次	需求量（箱）			销售量（箱）			销售额（万元）		
	2014	2015	2016	2014	2015	2016	2014	2015	2016
1	4.6	4.1	2.1	3.2	3.0	1.9	6.5	6.6	3.7
2	5.3	4.6	2.7	3.6	3.4	2.5	7.0	7.2	4.9
3	6.0	4.9	3.0	3.7	3.5	2.7	7.3	7.7	5.4
4	7.2	5.0	3.2	3.8	3.6	2.9	7.5	7.9	6.0
5	7.4	5.5	3.4	3.9	3.9	3.0	7.7	8.4	6.3
6	6.8	6.0	3.7	4.1	4.1	3.3	8.3	9.1	6.9
7	6.2	5.7	3.7	4.0	4.1	3.4	8.2	9.1	7.0
8	7.1	6.2	3.9	4.2	4.2	3.5	8.7	9.5	7.6
9	7.0	6.7	4.3	4.3	4.5	3.9	9.2	10.2	8.5
10	8.0	6.3	4.5	4.3	4.5	4.0	9.3	10.4	8.9
11	7.8	7.0	4.9	4.5	4.6	4.2	9.6	10.6	9.4
12	9.0	7.0	5.0	4.6	4.7	4.4	10.1	11.2	10.0
13	9.5	7.9	5.2	4.6	4.9	4.6	10.3	11.6	10.8
14	9.5	7.1	5.3	4.7	4.9	4.8	10.6	11.7	11.1
15	10.4	8.2	5.8	4.9	5.1	5.0	11.4	12.5	11.7
16	9.4	7.9	6.0	5.0	5.3	5.4	11.6	12.9	12.8
17	10.3	8.0	6.6	5.2	5.5	5.6	12.5	13.9	13.9
18	11.2	8.8	7.1	5.3	5.6	6.1	12.6	14.3	14.9
19	12.2	9.9	7.4	5.8	6.1	6.5	14.8	16.4	17.0
20	8.6	7.0	5.2	3.9	4.4	4.6	10.4	12.4	12.3
21	15.3	11.4	8.5	6.1	6.8	7.4	16.7	19.9	20.8
22	18.7	12.0	9.1	6.5	7.2	7.8	18.6	21.3	22.9

续表

年份 档次	需求量（箱）			销售量（箱）			销售额（万元）		
	2014	2015	2016	2014	2015	2016	2014	2015	2016
23	17.7	14.2	9.6	6.5	7.3	8.2	18.7	21.8	24.1
24	15.9	12.2	10.2	6.4	7.3	8.8	18.9	22.3	25.8
25	17.2	12.7	11.0	7.1	7.7	9.4	20.9	23.7	28.1
26	24.5	14.9	12.5	7.2	8.2	10.4	22.2	26.3	32.0
27	32.2	15.2	13.3	7.7	8.7	11.2	23.9	28.6	35.8
28	22.5	15.6	14.8	7.7	9.1	12.7	25.3	31.0	42.4
29	28.4	18.9	17.8	8.6	10.0	14.7	29.3	36.5	51.0
30	34.6	24.3	23.8	9.8	12.1	19.9	39.0	52.0	82.0
平均	11.0	8.3	6.3	4.9	5.3	5.5	12.4	14.2	14.8

各档次按年份来看，第 1~5 档销售量逐年递减，第 6~15 档销售量 2015 年较 2014 年略有增加，但 2016 年又下降。第 16~30 档销售量逐年递增，随着档次的增加，2016 年较 2015 年差距加大。如图 3-21 所示。

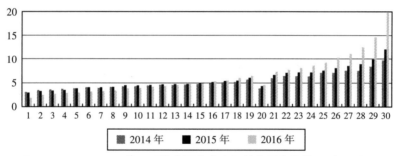

图 3-21　2014~2016 年不同档次零售户卷烟销售量变化情况（万元）

从销售额来看，第 1~15 档 2015 年比 2014 年销售额略高，2016 年较 2015 年略低。第 18~30 档销售额逐年递增，随着档次的增加，2016 年较 2015 年差距加大。具体如图 3-22 所示。

从满足率来看，各档次满足率逐年增加，但各年份随着档次的增加满足率逐渐降低。总的来看，档次越高，其满足率越低。从价格来看，各年份价格均随着档次的增加逐渐增加，且各年份最高档与最低档价格差距也随着档次的增加而增加，2014 年第 30 档和第 1 档价格差额为 79 元/条，2015 年上升至 84 元/条，

2016 年增加至 86 元/条，如表 3-33 所示。

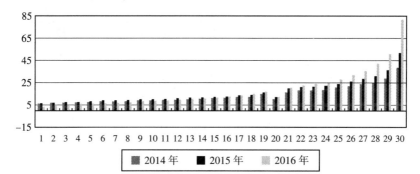

图 3-22 2014~2016 年不同档次零售户卷烟销售额变化情况（万元）

表 3-33 2014~2016 年不同档次零售户卷烟满足率与价格

年份 档次	满足率			价格（元/条）		
	2014	2015	2016	2014	2015	2016
1	0.70	0.74	0.90	80	88	79
2	0.68	0.73	0.90	78	85	79
3	0.62	0.72	0.90	79	86	81
4	0.53	0.74	0.90	79	86	83
5	0.52	0.71	0.90	79	87	83
6	0.60	0.69	0.90	81	88	84
7	0.65	0.72	0.91	81	89	84
8	0.59	0.68	0.90	82	90	86
9	0.62	0.67	0.90	85	92	88
10	0.54	0.71	0.89	87	93	89
11	0.58	0.66	0.87	85	92	89
12	0.51	0.68	0.88	88	95	92
13	0.49	0.61	0.89	89	96	94
14	0.50	0.69	0.90	90	96	93
15	0.48	0.62	0.86	92	98	94
16	0.53	0.66	0.90	92	98	95
17	0.50	0.68	0.86	96	102	99
18	0.47	0.64	0.86	96	101	98
19	0.47	0.62	0.88	102	107	105

续表

档次 \ 年份	满足率			价格（元/条）		
	2014	2015	2016	2014	2015	2016
20	0.46	0.63	0.88	106	112	107
21	0.40	0.60	0.86	109	116	113
22	0.35	0.60	0.86	115	119	117
23	0.37	0.51	0.86	115	120	117
24	0.41	0.60	0.86	118	123	118
25	0.41	0.61	0.85	118	123	120
26	0.30	0.55	0.83	123	129	124
27	0.24	0.58	0.85	125	131	128
28	0.34	0.58	0.86	131	137	133
29	0.30	0.53	0.83	137	145	139
30	0.28	0.50	0.84	159	172	165
总计	0.45	0.63	0.87	100	108	108

从各个档次的价格看，2015 年价格较 2014 年高，但 2016 年价格较 2015 年略低，如图 3-23 所示。

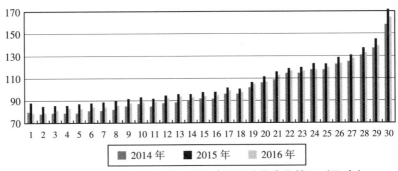

图 3-23　2014~2016 年不同档次零售户卷烟价格变化情况（元/条）

2. 不同业态

总体上看，不同业态的零售户需求量与销售量随着档次的增加而增加，需求量与销售量的最大值均在第 30 档，最小值除超市业态在第 15 档外，其他均在第 1 档。从各业态的销售量极差来看，娱乐服务业极差为 22.8 箱，便利店极差为 19.1 箱，烟酒商店极差为 18.4 箱，食杂店极差为 18.2 箱，超市极差为 17.8 箱，其他极差为 15.4 箱。具体如表 3-34 所示。

表 3-34　2016 年不同档次不同业态零售户卷烟需求量与销售量（箱）

档次	需求量						销售量					
	便利店	超市	其他	食杂店	烟酒商店	娱乐服务	便利店	超市	其他	食杂店	烟酒商店	娱乐服务
1	2.2		2.3	2.2	1.0	1.4	2.2		2.0	1.9	1.0	1.2
2	2.0		2.9	2.7	2.8	2.4	2.0		2.6	2.4	2.5	2.3
3	2.7	2.0	3.1	3.0		2.5	2.3	2.0	2.6	2.7		2.4
4	2.8		3.7	3.2	3.8	2.7	2.8		3.1	2.9	3.4	2.6
5	3.7	2.0	4.1	3.4	2.0	3.0	3.3	2.0	2.9	3.1	2.0	2.9
6	3.2	2.0	3.6	3.7	6.0	2.8	3.2	2.0	3.2	3.3	6.0	2.4
7	3.2	7.0	3.7	3.7		4.1	3.0	7.0	3.4	3.4		3.6
8	3.1		4.1	3.9	4.0	2.9	2.8		3.5	3.5	4.0	2.7
9	4.0	5.0	4.1	4.3	4.7	3.8	3.9	5.0	3.5	3.9	4.3	3.4
10	5.0		4.6	4.5	7.0	4.2	4.7		4.0	4.0	3.7	4.0
11	5.8		5.1	4.8		5.1	5.3		4.3	4.2		4.3
12	4.8	7.0	5.5	4.9	4.0	4.8	4.6	6.7	4.5	4.3	3.4	4.2
13	6.3	6.0	5.6	5.1	5.2	4.6	4.9	5.3	4.8	4.6	5.0	4.1
14	4.7	7.0	5.2	5.3	5.9	6.6	4.4	7.0	4.7	4.8	5.1	4.8
15	5.9	1.0	5.5	5.8	9.0	5.9	5.4	1.0	5.0	5.0	4.2	5.4
16	6.5	5.0	6.5	6.0	5.0	6.1	6.0	4.8	5.7	5.4	4.1	5.1
17	6.2	7.0	6.2	6.6	7.1	6.4	5.6	7.0	5.4	5.6	5.8	5.6
18	6.6	7.0	6.8	7.1	5.6	8.1	6.2	6.4	6.2	6.1	5.0	5.9
19	7.5	9.5	7.3	7.4	6.2	7.4	6.3	8.4	6.6	6.5	5.3	6.7
20	3.7	2.5	5.8	5.4	2.5	5.6	3.3	2.0	5.3	4.7	2.1	5.0
21	7.3	8.7	7.8	8.6	8.3	8.4	6.9	7.7	7.3	7.4	7.1	7.4
22	9.2	7.6	7.5	9.2	7.9	10.0	7.9	6.4	6.9	7.9	6.6	9.6
23	11.8	9.9	8.4	9.6	8.6	9.3	10.7	9.3	7.5	8.2	7.4	8.7
24	10.1	10.0	11.6	10.1	10.5	11.0	9.5	9.1	8.4	8.7	8.2	10.5
25	11.5	10.9	10.6	11.2	7.2	13.0	9.7	9.6	9.5	9.5	6.4	10.2
26	12.0	10.8	12.6	12.6	13.5	13.0	10.3	9.3	11.1	10.4	11.4	11.3
27	10.8	11.8	13.6	13.7	11.7	9.5	10.3	10.3	12.2	11.4	9.5	9.3
28	15.2	13.0	17.6	14.8	14.5	13.6	12.9	12.3	15.2	12.8	11.0	12.4

档次	需求量						销售量					
	便利店	超市	其他	食杂店	烟酒商店	娱乐服务	便利店	超市	其他	食杂店	烟酒商店	娱乐服务
29	17.3	17.0	18.2	18.0	17.0		14.7	16.0	16.7	14.6	14.1	
30	24.0	23.5	19.3	24.0	23.4	24.0	21.1	18.8	17.4	20.1	19.4	24.0
空白	2.5		11.9	1.6	2.2	1.8	1.8		10.2	1.4	2.0	1.6
平均	9.5	10.9	6.0	6.1	11.4	4.8	8.4	9.6	5.3	5.3	9.3	4.3

从各业态的销售额极差看，便利店极差为 89.5 万元，超市极差为 77.2 万元，其他业态极差为 63.7 万元，食杂店极差为 71.1 万元，烟酒商店极差为 106 万元，娱乐服务业极差为 70.5 万元。具体如表 3-35 所示。

表 3-35　2016 年不同档次不同业态零售户卷烟销售额（万元）

档次	便利店	超市	其他	食杂店	烟酒商店	娱乐服务
1	6.2		4.5	3.6	4.3	4.5
2	5.3		5.8	4.7	11.3	7.5
3	4.9	4.0	5.8	5.3		8.6
4	9.8		7.2	5.8	15.0	8.1
5	6.7	9.0	6.7	6.2	7.0	8.1
6	9.1	8.0	7.8	6.8	19.0	8.6
7	7.4	15.0	8.0	6.9		10.1
8	8.6		8.0	7.5	14.0	7.9
9	9.9	12.0	9.4	8.3	22.3	10.7
10	12.5		10.4	8.7	21.7	12.9
11	15.4		11.3	9.1		11.6
12	13.7	17.3	10.9	9.8	16.0	10.7
13	14.5	22.7	12.6	10.5	17.2	11.5
14	11.0	18.0	12.6	10.9	20.2	13.5
15	14.9	2.5	14.6	11.5	17.0	15.9
16	18.1	17.0	15.8	12.4	18.3	15.8
17	18.1	24.3	15.7	13.4	26.1	16.8
18	19.3	17.7	17.2	14.5	22.6	18.6
19	19.7	26.6	19.8	16.4	23.4	20.2

档次	便利店	超市	其他	食杂店	烟酒商店	娱乐服务
20	10.7	5.2	15.8	12.3	10.6	15.0
21	22.2	24.6	22.8	20.1	33.1	17.6
22	25.9	24.0	24.6	22.1	32.0	33.4
23	35.8	28.0	22.2	22.8	34.9	29.9
24	32.2	30.0	25.9	24.4	39.2	33.3
25	30.7	33.5	31.2	27.1	33.2	38.6
26	34.8	31.0	36.6	30.7	53.3	40.5
27	36.8	36.1	39.8	34.4	47.2	43.0
28	45.6	46.5	47.7	40.3	58.4	43.8
29	56.1	56.0	59.2	46.4	76.0	
30	94.4	79.7	68.2	74.7	110.3	75.0
空白	3.6		19.4	3.3	10.8	7.1
平均	29.7	34.5	15.0	13.5	48.7	13.7

从满足率看，便利店业态第 13 档零售户满足率最低，最低值 0.78；超市业态第 30 档满足率最低，最低值为 0.80，但第 7 档满足率最高，达到 1.00；其他业态第 5 档满足率最低，最低值为 0.71；食杂店第 29 档满足率最低，最低值为 0.81；烟酒商店第 15 档满足率最低，最低值为 0.47。具体如表 3-36 所示。

表 3-36 2016 年不同档次不同业态零售户卷烟满足率与价格

档次	满足率						价格 （元/条）					
	便利店	超市	其他	食杂店	烟酒商店	娱乐服务	便利店	超市	其他	食杂店	烟酒商店	娱乐服务
1	0.98			0.90	0.96	0.86	117		91	74	154	148
2	0.95		0.90	0.90	0.91	0.95	106		91	77	179	130
3	0.83	0.99	0.84	0.90		0.96	85	79	88	79		143
4	0.94			0.84	0.91	0.91	0.97	149		94	80	175	126
5	0.96	0.99	0.71	0.91	0.99	0.95	76	146	92	81	148	113
6	0.99	0.78	0.88	0.90	0.98	0.88	114	190	99	82	131	143
7	0.94	1.00	0.91	0.91		0.89	100	86	96	83		110
8	0.88		0.85	0.90	0.94	0.92	126		93	85	144	118

档次	满足率						价格（元/条）					
	便利店	超市	其他	食杂店	烟酒商店	娱乐服务	便利店	超市	其他	食杂店	烟酒商店	娱乐服务
9	0.96	0.97	0.86	0.90	0.95	0.90	102	109	106	86	201	127
10	0.93		0.86	0.89	0.51	0.96	106		103	87	248	128
11	0.91		0.84	0.87		0.85	117		105	87		108
12	0.96	0.97	0.83	0.88	0.87	0.85	120	102	97	90	187	103
13	0.78	0.89	0.85	0.90	0.96	0.91	117	169	105	91	137	110
14	0.96	0.98	0.91	0.91	0.86	0.73	99	104	107	91	159	112
15	0.95	0.87	0.90	0.86	0.47	0.94	108	97	118	92	161	116
16	0.93	0.99	0.89	0.90	0.82	0.84	120	141	110	92	176	123
17	0.89	0.99	0.87	0.86	0.82	0.87	130	140	115	95	180	121
18	0.94	0.92	0.91	0.85	0.87	0.72	124	111	110	96	182	127
19	0.84	0.88	0.90	0.88	0.85	0.91	126	127	120	102	177	120
20	0.90	0.81	0.91	0.88	0.85	0.90	129	106	119	104	201	120
21	0.95	0.88	0.93	0.86	0.86	0.89	128	128	125	109	186	96
22	0.87	0.85	0.91	0.86	0.83	0.97	130	149	143	111	194	138
23	0.91	0.93	0.89	0.85	0.86	0.94	134	121	119	111	190	137
24	0.94	0.91	0.73	0.86	0.78	0.95	136	132	122	112	190	127
25	0.84	0.88	0.90	0.84	0.89	0.79	126	139	132	114	206	150
26	0.86	0.86	0.87	0.82	0.84	0.86	135	134	133	119	188	145
27	0.96	0.88	0.89	0.83	0.81	0.97	143	140	131	121	200	187
28	0.84	0.95	0.86	0.87	0.76	0.91	142	151	126	126	213	142
29	0.85	0.94	0.92	0.81	0.83		153	140	142	127	215	
30	0.88	0.80	0.90	0.84	0.83	1.00	179	169	157	149	228	124
空白	0.76		0.86	0.91	0.92	0.93	80		76	94	216	168
平均	0.88	0.88	0.87	0.87	0.82	0.89	142	144	114	102	209	128

从价格看，便利店业态零售户销售价格第 5 档最低，第 30 档最高，分别为 76 元/条和 179 元/条；超市业态零售户销售价格第 3 档最低，第 30 档最高，分别为 79 元/条和 169 元/条；其他业态零售户销售价格第 3 档最低，第 30 档最高，分别为 88 元/条和 157 元/条；食杂店业态零售户销售价格第 1 档最低，第 30 档

最高，分别为 74 元/条和 149 元/条；烟酒商店业态零售户销售价格第 6 档最低，第 30 档最高，分别为 131 元/条和 228 元/条；娱乐服务业态零售户销售价格第 21 档最低，第 27 档最高，分别为 96 元/条和 187 元/条。

（五）不同商圈

1. 总体分析

不同商圈在 2014~2016 年其需求量逐年下降，但销售量在不同商圈呈现不同变化趋势，从表 3–37 和图 3–24 可以看出，高档居民区、工业区、集镇、交通枢纽区、教育区、流动人口区、旅客中转区、旅游区、偏远乡村、休闲娱乐区、学区、政务区呈逐年上升趋势，其他商圈在 2016 年为下降趋势。

表 3–37　2014~2016 年不同商圈零售户卷烟需求量、销售量与销售额

	需求量（箱）			销售量（箱）			销售额（万元）		
	2014 年	2015 年	2016 年	2014 年	2015 年	2016 年	2014 年	2015 年	2016 年
部队区	5.8	7.8	5.8	5.8	4.5	5.8	14.5	11.5	14.8
城郊结合部	9.6	7.3	5.7	5.2	5.3	5.1	11.2	12.7	12.5
高档居民区	17.8	12.2	9.0	6.7	7.2	7.9	23.4	25.6	28.0
工业区	15.1	12.2	9.4	5.9	6.8	8.0	19.4	23.5	27.2
行政边界（地界）	6.5	5.8	5.0	4.6	4.6	4.7	9.3	10.2	10.1
行政边界（省界）	9.6	7.7	5.7	4.8	4.9	4.8	9.6	11.2	11.1
行政村	6.3	5.8	4.3	3.9	3.9	3.8	7.1	7.9	7.7
集镇	10.9	8.4	6.5	5.0	5.2	5.5	11.2	12.8	13.3
交通枢纽区	12.4	9.3	7.5	5.1	6.3	6.8	17.9	22.5	24.9
郊区	7.9	6.5	5.3	5.0	5.1	4.9	11.2	12.4	11.5
教育区	15.3	9.3	7.7	4.8	5.8	6.9	14.0	17.6	22.2
流动人口区	11.5	8.7	6.4	5.0	5.2	5.4	11.6	12.5	12.9
旅客中转区	19.7	12.9	14.6	7.3	8.5	13.3	25.6	31.2	47.6
旅游区	11.1	9.3	8.6	5.0	6.5	7.5	16.1	20.0	23.6
偏远乡村	6.6	5.6	5.2	4.0	4.3	4.5	7.0	8.5	8.9
其他	15.2	11.5	9.0	6.1	6.4	7.4	13.5	15.7	18.2
商业区	15.2	10.5	7.2	5.6	6.3	6.3	17.4	20.3	20.6
乡村主干道	6.9	6.2	4.9	4.4	4.3	4.3	8.6	9.2	9.0

续表

	需求量（箱）			销售量（箱）			销售额（万元）		
	2014 年	2015 年	2016 年	2014 年	2015 年	2016 年	2014 年	2015 年	2016 年
乡镇所在地	12.1	8.7	6.4	5.3	5.3	5.3	11.1	12.1	12.1
休闲娱乐区	27.3	16.5	12.3	6.9	8.0	10.0	24.2	29.3	37.9
学区	13.5	7.3	6.1	4.4	5.5	5.8	11.8	14.5	15.8
一般居民区	11.6	8.2	5.5	4.8	5.3	5.0	14.1	15.6	14.8
政务区	15.2	13.2	11.9	6.3	7.7	10.3	20.8	28.0	36.8
自然村	5.5	5.1	4.1	3.6	3.7	3.8	6.2	7.3	7.1
总计	11.0	8.3	6.3	4.9	5.3	5.5	12.4	14.2	14.8

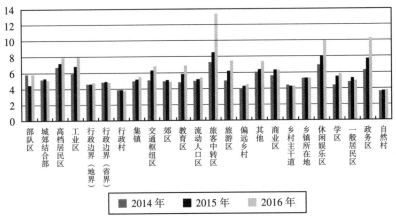

图 3-24　2014~2016 年不同商圈零售户卷烟销售量（万元）

从 2016 年销售量增长率来看，旅客中转区销售量增长率最高，较 2015 年增加 56%；其次是政务区、部队区、休闲娱乐区、旅游区、教育区和工业区，分别达到 34%、29%、25%、21%、19% 和 18%。下降速率最高的为一般居民区，较 2015 年下降 6%；其次是城郊结合部、郊区、行政村和行政边界（省界），分别下降 4%、4%、3% 和 2%。如图 3-25 所示。

从不同商圈销售额看，高档居民区、工业区、集镇、交通枢纽区、教育区、流动人口区、旅客中转区、旅游区、偏远乡村、商业区、休闲娱乐区、学区、政务区及其他商圈销售额呈逐年上升趋势，其他商圈在 2016 年为非增趋势，具体如图 3-26 所示。

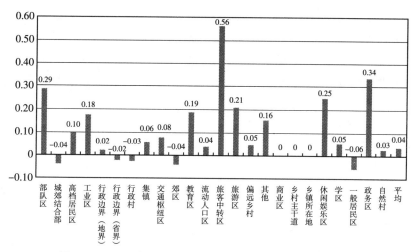

图 3-25　2016 年不同商圈零售户卷烟销售量增长率（%）

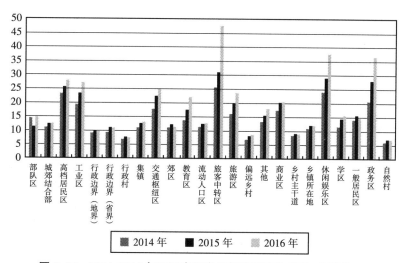

图 3-26　2014~2016 年不同商圈卷烟销售额变化趋势（万元）

从 2016 年销售额增长率看，旅客中转区销售额增长率最高，较 2015 年增加 53%；其次是政务区、部队区、休闲娱乐区、教育区、旅游区和工业区，分别达到 31%、29%、29%、26%、18% 和 16%。下降速率最高为郊区，较 2015 年下降 7%；其次是一般居民区、自然村、行政村、城郊结合部、行政边界（地界）和行政边界（省界），分别下降 5%、3%、3%、2%、2%、1% 和 1%。如图 3-27 所示。

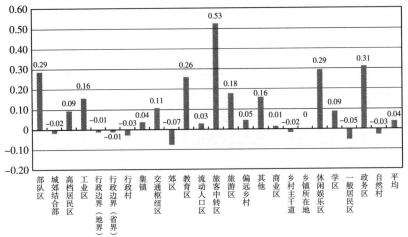

图 3-27　2016 年不同商圈零售户卷烟销售额增长率（%）

从满足率看，各商圈满足率逐年上升，2016 年满足率最低的是休闲娱乐区，其满足率为 0.81；最高为部队区，其满足率为 100%。2014~2015 年休闲娱乐区的平均销售价格最高，且呈上升趋势，其次是旅客中转区、交通枢纽区、高档居民区；自然村的平均销售价格最低，在 2016 年呈下降趋势。具体如表 3-38 所示。整体而言，不同商圈零售户平均满足率逐年增加，平均价格相对稳定，2015 年以来维持在 108 元价格水平。

表 3-38　2014~2016 年不同商圈零售户卷烟满足率与价格

	满足率			价格（元/条）		
	2014 年	2015 年	2016 年	2014 年	2015 年	2016 年
部队区	0.99	0.58	1.00	103	100	104
城郊结合部	0.54	0.72	0.90	87	96	98
高档居民区	0.37	0.59	0.88	140	142	141
工业区	0.39	0.56	0.85	132	138	136
行政边界（地界）	0.70	0.79	0.93	81	89	87
行政边界（省界）	0.50	0.63	0.85	81	92	92
行政村	0.63	0.67	0.87	72	82	82
集镇	0.45	0.62	0.84	90	98	97
交通枢纽区	0.41	0.67	0.90	139	144	146
郊区	0.63	0.79	0.93	91	96	94

续表

	满足率			价格（元/条）		
	2014 年	2015 年	2016 年	2014 年	2015 年	2016 年
教育区	0.31	0.62	0.90	116	122	129
流动人口区	0.43	0.60	0.85	93	97	96
旅客中转区	0.37	0.66	0.91	141	146	143
旅游区	0.45	0.66	0.87	128	130	127
偏远乡村	0.60	0.77	0.87	70	80	78
其他	0.40	0.56	0.82	88	98	99
商业区	0.37	0.60	0.88	125	129	130
乡村主干道	0.64	0.70	0.87	78	85	85
乡镇所在地	0.44	0.61	0.83	84	91	91
休闲娱乐区	0.25	0.48	0.81	141	146	151
学区	0.33	0.76	0.95	107	106	109
一般居民区	0.42	0.65	0.90	116	118	119
政务区	0.41	0.59	0.87	133	145	143
自然村	0.65	0.73	0.91	69	79	76
平均	0.45	0.63	0.87	100	108	108

不同商圈价格增长率存在差异。如图 3-28 所示，价格在 2016 年增长的商圈分别为部队区、城郊结合部、交通枢纽区、教育区、商业区、休闲娱乐区、学区、一般居民区及其他商圈，其中教育区增长幅度最高，增长 6%，其次部队区增长 4%。行政边界（省界）、行政村、乡村主干道、乡镇所在地四个商圈 2016 年价格与 2015 年持平。其他商圈价格则出现下滑现象，其中自然村价格下降幅度最大，降 4%，其次为偏远乡村，下降 3%。

2. 不同业态

从不同商圈不同业态零售户需求量与销售量看，工业区、休闲娱乐区的便利店，高档居民区、行政边界（地界）、教育区、流动人口区、旅客中转区、旅游区、一般居民区的超市，部队区、郊区、偏远乡村、学区的食杂店，城郊结合部、行政边界（省界）、集镇、交通枢纽区、乡村所在地、政务区的烟酒商店，乡村主干道的娱乐服务，这些不同商圈不同业态的需求量与销售量最高。行政村

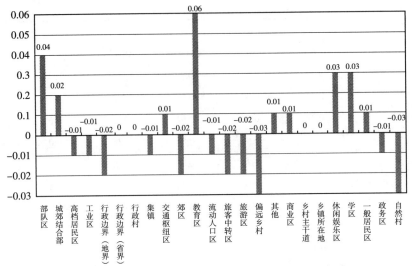

图 3-28　2016 年不同商圈零售户卷烟价格增长率（%）

的娱乐服务零售户需求量最高，但其食杂店销售量最高；商业区的烟酒商店需求量最高，但其超市销售量最大；自然村便利店需求量最高，但其食杂店销售量最大。具体如表 3-39 所示。

表 3-39　2016 年不同商圈不同业态零售户卷烟平均需求量与销售量（箱）

	需求量						销售量					
	便利店	超市	其他	食杂店	烟酒商店	娱乐服务	便利店	超市	其他	食杂店	烟酒商店	娱乐服务
部队区				5.8						5.8		
城郊结合部	6.0	11.3	6.2	5.6	17.0	4.5	6.0	9.7	4.3	5.1	13.0	4.2
高档居民区	11.2	13.6	7.9	8.8	10.9	6.1	9.9	10.7	7.5	7.8	9.1	5.2
工业区	12.4	12.0	6.3	9.4	11.9	4.7	11.3	11.0	5.9	8.0	8.8	3.7
行政边界（地界）	9.5	13.3	4.6	5.0	5.0	4.5	9.0	11.0	4.1	4.7	3.0	4.0
行政边界（省界）	8.3	7.1	4.9	5.7	9.4	4.7	8.0	6.2	3.9	4.8	7.6	4.2
行政村	0.5		1.6	4.3		4.5	0.5		1.6	3.8		3.5
集镇	8.9	5.9	4.9	6.6	12.5	6.0	7.1	5.7	4.2	5.5	11.5	4.5
交通枢纽区	10.7	8.8	7.1	6.8	12.5	2.9	9.7	7.9	6.5	6.2	10.6	2.8
郊区	2.0		4.5	5.4			2.0		4.3	5.0		
教育区	7.2	10.1	5.7	8.0	5.0	4.0	6.4	9.6	5.4	7.1	4.9	3.4
流动人口区	8.8	11.4	5.1	6.4	9.4	5.7	8.3	9.6	4.5	5.4	8.0	4.6

续表

	需求量						销售量					
	便利店	超市	其他	食杂店	烟酒商店	娱乐服务	便利店	超市	其他	食杂店	烟酒商店	娱乐服务
旅客中转区	10.5	26.5	2.0	15.3	16.5		9.9	26.0	2.0	13.5	16.5	
旅游区	11.4	11.8	6.7	8.6	11.3	2.3	10.4	11.0	6.3	7.4	8.4	2.1
偏远乡村	4.5		3.8	5.3			4.5		3.6	4.6		
其他	9.8	16.6	8.4	8.8	14.5	7.6	9.2	14.3	6.6	7.2	12.4	6.8
商业区	9.4	10.9	6.5	6.9	11.7	4.9	8.3	10.1	5.9	6.1	9.5	4.5
乡村主干道	4.6	4.0	3.8	4.9		5.3	4.6	4.0	3.3	4.3		5.0
乡镇所在地	8.6	8.7	6.2	6.3	13.0	5.2	7.3	7.5	5.1	5.3	10.7	4.3
休闲娱乐区	14.2	13.9	11.0	12.8	10.8	4.3	11.3	10.8	9.2	10.4	8.2	3.9
学区			5.0	6.3					4.0	6.0		
一般居民区	6.4	8.2	5.2	5.5	8.1	3.8	5.7	7.8	4.6	5.0	7.6	3.6
政务区	4.5	13.6	14.0	11.4	21.7		4.3	11.2	13.0	10.1	16.3	
自然村	4.3	2.0	3.6	4.1		2.5	3.5	2.0	3.3	3.8		2.5
总计	9.5	10.9	6.0	6.1	11.4	4.8	8.4	9.6	5.3	5.3	9.3	4.3

从平均销售额看，偏远乡村、休闲娱乐区、自然村的便利店，行政边界（地界）、郊区、教育区、旅客中转区、旅游区的超市，部队区的食杂店，城郊结合部、高档居民区、工业区、行政边界（省界）、集镇、交通枢纽区、流动人口区、其他、商业区、乡镇所在地、一般居民区、政务区的烟酒商店，行政村、乡村主干道的娱乐服务，这些不同商圈不同业态的平均销售额最高。具体如表3-40所示。

表3-40 2016年不同商圈不同业态零售户卷烟平均销售额（万元）

	便利店	超市	其他	食杂店	烟酒商店	娱乐服务
部队区				14.8		
城郊结合部	24.3	38.7	9.1	12.2	64.0	10.8
高档居民区	36.8	41.9	26.4	25.4	46.6	18.9
工业区	42.7	37.5	16.6	26.8	42.9	14.0
行政边界（地界）	24.5	30.0	8.9	10.1	15.0	10.5
行政边界（省界）	23.5	17.8	9.0	11.0	31.6	10.7

	便利店	超市	其他	食杂店	烟酒商店	娱乐服务
行政村	1.0		3.4	7.7		9.5
集镇	20.8	14.8	8.8	13.2	61.0	9.5
交通枢纽区	38.2	32.3	25.3	19.9	54.3	12.1
郊区	9.5		12.5	11.4		
教育区	19.6	38.8	16.9	21.8	20.1	16.9
流动人口区	25.6	28.6	11.3	12.3	36.1	11.1
旅客中转区	38.8	83.5	8.0	47.1	74.0	
旅游区	40.2	40.6	19.9	22.1	40.2	6.4
偏远乡村	10.0		7.6	8.9		
其他	25.9	44.0	15.5	17.3	67.1	18.8
商业区	35.4	37.7	18.8	18.1	54.8	16.0
乡村主干道	10.8	7.0	7.5	9.0		12.3
乡镇所在地	18.9	18.7	10.9	12.0	35.7	10.1
休闲娱乐区	45.5	47.2	31.7	38.2	40.9	13.9
学区			16.0	15.8		
一般居民区	17.9	27.6	14.8	14.4	30.7	11.0
政务区	15.5	52.8	37.0	32.5	97.3	
自然村	7.8	4.0	6.1	7.2		6.0
平均值	29.7	34.5	15.0	13.5	48.7	13.7

从满足率看，烟酒商店的满足率在各业态中总体较低，其中城郊结合部、工业区、行政边界（地界）、旅游区、商业区、乡镇所在地、休闲娱乐区、政务区的烟酒商店满足率在各商圈的业态中满足率最低。具体如表 3-41 所示。

表 3-41　2016 年不同商圈不同业态零售户卷烟满足率与平均价格

	满足率						价格					
	便利店	超市	其他	食杂店	烟酒商店	娱乐服务	便利店	超市	其他	食杂店	烟酒商店	娱乐服务
部队区				1.00						104		
城郊结合部	0.99	0.85	0.70	0.91	0.74	0.93	160	161	85	96	200	105
高档居民区	0.88	0.79	0.95	0.88	0.84	0.85	149	157	141	131	204	144

	满足率						价格					
	便利店	超市	其他	食杂店	烟酒商店	娱乐服务	便利店	超市	其他	食杂店	烟酒商店	娱乐服务
工业区	0.91	0.93	0.93	0.85	0.73	0.79	151	136	113	134	196	154
行政边界（地界）	0.97	0.82	0.89	0.93	0.66	0.96	108	109	87	86	198	101
行政边界（省界）	0.97	0.86	0.80	0.85	0.81	0.89	118	116	93	91	166	102
行政村	0.89		0.94	0.87		0.83	81		87	82		108
集镇	0.80	0.96	0.86	0.84	0.90	0.73	117	104	84	96	214	87
交通枢纽区	0.91	0.90	0.91	0.91	0.85	0.95	158	163	156	129	205	172
郊区	0.97		0.98	0.92			186		117	92		
教育区	0.89	0.94	0.94	0.89	0.98	0.86	123	163	126	122	164	198
流动人口区	0.94	0.85	0.87	0.84	0.85	0.81	124	119	102	92	180	96
旅客中转区	0.94	0.99	1.00	0.89	1.00		157	129	161	139	180	
旅游区	0.91	0.93	0.93	0.87	0.74	0.89	154	148	127	119	191	123
偏远乡村	0.99		0.95	0.87			89		84	78		
其他	0.94	0.86	0.78	0.82	0.86	0.88	113	123	94	96	216	111
商业区	0.88	0.93	0.90	0.88	0.82	0.93	171	149	128	118	230	142
乡村主干道	0.97	0.98	0.87	0.87		0.95	95	67	90	84		96
乡镇所在地	0.85	0.86	0.83	0.84	0.81	0.84	103	100	85	91	134	93
休闲娱乐区	0.80	0.78	0.84	0.82	0.76	0.92	160	174	138	147	199	140
学区				0.92	0.95					150	106	
一般居民区	0.90	0.94	0.88	0.90	0.93	0.95	125	143	129	116	162	123
政务区	0.93	0.82	0.94	0.89	0.76		148	188	112	129	238	
自然村	0.82	0.99	0.91	0.91		0.93	89	79	75	76		95
平均	0.88	0.88	0.87	0.87	0.82	0.89	142	144	114	102	209	128

从价格看，城郊结合部、高档居民区、工业区、行政边界（地界）、行政边界（省界）、集镇、交通枢纽区、流动人口区、旅客中转区、旅游区、其他、商业区、乡镇所在地、休闲娱乐区、一般居民区、政务区的烟酒商店在同样商圈所有业态中价格最高，其中最高价格为政务区的烟酒商店，平均价格达238元/条。行政村、教育区、乡村主干道、自然村的娱乐服务在同样商圈所有业态中价格最高，其中最高价格为教育区的娱乐服务业态，平均价格达198元/条。偏远山村便利店的平均价格在其他业态中最高，为89元/条。

第四章 黔东南州卷烟销售特征分析

一、黔东南州卷烟销售分析

(一) 黔东南州卷烟销售量分析

黔东南州卷烟销售量在2006~2015年总体呈现上涨趋势，2016年黔东南州卷烟销售量为131084箱，较2015年略微下降。2016贵州省销售量为1464803箱，黔东南州占全省市场份额8.95%。具体如表4-1所示。

表4-1 2006~2016年黔东南州卷烟销售量及市场份额

年份	黔东南州（箱）	贵州省（箱）	销售量市场份额（%）
2006	90130	980018	9.20
2007	93632	1027118	9.12
2008	98130	1091982	8.99
2009	109656	1191553	9.20
2010	119211	1275742	9.34
2011	122061	1325642	9.21
2012	124545	1355449	9.19
2013	127222	1388222	9.16
2014	132555	1447607	9.16
2015	133803	1461932	9.15
2016	131084	1464803	8.95

由于贵州省与黔东南州卷烟销售量数量级相差 10 倍，为了比较省与州的卷烟历年销量变化趋势，对每年销售量除以历年来销售量最大值进行归一化处理。由图 4-1 可以看出，贵州省 2016 年销售量攀新高，黔东南州在 2015 年销售量最大，其值为 1。贵州省与黔东南州卷烟销量变化趋势除 2016 年（贵州省缓慢增长，黔东南州略有下降）外，2006~2015 年变化趋势基本一致。

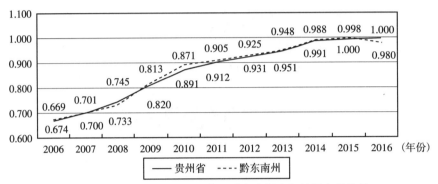

图 4-1　2006~2016 年贵州省和黔东南州卷烟销量变化趋势

从黔东南州所占全省市场份额来看，如图 4-2 所示，2006 年以来不断下滑，且 2008 年跌进入低谷，占据 8.99%。2008 年以后市场份额不断上升，2010 年达到了全年的市场份额的峰值，占 9.34%，而 2010 年以来，市场份额又不断下降，经历了"3 连降"，黔东南州卷烟市场又逐渐陷入低迷状态。特别是 2015~2016 年，跌幅明显大于 2010~2015 年。

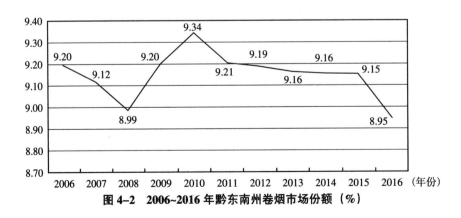

图 4-2　2006~2016 年黔东南州卷烟市场份额（%）

从销售量增长速度来看，黔东南州 2009 年增幅最大，11.7%的增速高于全省 9.1%的增速。从 2011 年起，其增长速度均低于全省水平，在 2016 年与全省增速水平差距达到最大值，相差 2.2%。

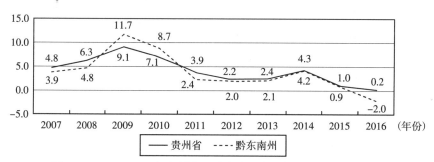

图 4-3　2006~2016 年贵州省和黔东南州卷烟销量增长速度（%）

从省内/外、国外烟销售情况来看，国外烟销售量占总销量的比重较低，不到 1 个百分比，几乎为零，尽管所占比例较低，但几乎还是逐年缓慢增长。2011~2016 年以来，省内烟销量占比在 77%~80%，省外烟销售量占比在 20%~23%。

表 4-2　2011~2016 年省内/外、国外卷烟销售量及占总销量百分比

年份	省内卷烟		省外卷烟		国外卷烟	
	销售量（箱）	占比（%）	销售量（箱）	占比（%）	销售量（箱）	占比（%）
2011	96984	79.46	25053	20.52	25	0.02
2012	96864	77.77	27675	22.22	6	0.00
2013	98283	77.25	28930	22.74	10	0.01
2014	102333	77.20	30211	22.79	10	0.01
2015	103673	77.48	30087	22.49	43	0.03
2016	103969	79.31	27050	20.64	66	0.05

（二）黔东南州卷烟销售额分析

与销售量一样，黔东南州卷烟销售额在 2015 年达到最大，2016 年较 2015 年下降 12643.8 万元。近 10 多年来，全省销售额总体呈上升趋势，其中 2016 年较 2015 年多 56341.2 万元，如表 4-3 所示。

表4-3　2006~2016年贵州省和黔东南州卷烟销售额及市场份额（万元）

年度	贵州省销售额（万元）	黔东南州销售额（万元）	销售额市场份额（%）	销售量市场份额（%）	市场份额差值（%）
2006	981865	76688	7.81	9.20	1.39
2007	1160875	91025	7.84	9.12	1.28
2008	1401971	111099	7.92	8.99	1.07
2009	1689292	137448	8.14	9.20	1.06
2010	2025455	169954	8.39	9.34	0.95
2011	2487825	202882	8.15	9.21	1.06
2012	2982833	249894	8.38	9.19	0.81
2013	3513646	295494	8.41	9.16	0.75
2014	4033249	336414	8.34	9.16	0.82
2015	4368915	366650	8.39	9.15	0.76
2016	4425256	354006	8.00	8.95	0.95

从黔东南州卷烟市场份额来看，历年来销售量市场份额比销售额市场份额高，大约平均差额为0.99%，接近1个百分点。由此可见，黔东南州较全省卷烟销售平均价格偏低。

从卷烟销售额增长率来看，贵州省自2011年以来，其增速逐渐放缓，2011年增速为22.83%，到2016年下降到1.29%。黔东南州自2012年以来，其增速逐渐放缓，2012年增速为23.17%，到2016年下降到-3.45%，其中2016年下降幅度达12.44%。2016年，尽管全省增长率放缓，但比黔东南州销售额增长速度要高4.74%。

表4-4　2007~2016年贵州省和黔东南州卷烟销售额增长率（%）

年度	贵州省销售额增长率	黔东南州销售额增长率
2007	18.23	18.69
2008	20.77	22.05
2009	20.49	23.72
2010	19.90	23.65
2011	22.83	19.37
2012	19.90	23.17

续表

年度	贵州省销售额增长率	黔东南州销售额增长率
2013	17.80	18.25
2014	14.79	13.85
2015	8.32	8.99
2016	1.29	−3.45

（三）黔东南州卷烟平均价格分析

2006~2016 年，贵州省卷烟平均销售价格逐年上升，增速自 2011 年开始逐年下降，其中 2016 年增幅与增速均最小，分别为 1 元/条与 1.09%。2006~2015年黔东南州卷烟平均销售价格逐年上升，在 2016 年出现下降，增速自 2012 年开始逐年下降，其中 2016 年降幅与降速均最小，分别为−2 元/条与−1.45%。

与全省相比，黔东南州卷烟平均销售价格较低，且自 2012 年起其价格差距逐年增大，在 2016 年相差 13 元/条。从价格增速差距来看，2016 年全省卷烟价格增速要高于黔东南州的 2.54%。

表 4-5 2006~2016 年贵州省和黔东南州卷烟平均价格及其增速

年度	贵州省（元/条）	贵州省价格增速（%）	黔东南州（元/条）	黔东南州价格增速（%）	价格差距（元/条）	增速差距（%）
2006	40		34		6	
2007	45	12.81	39	14.26	6	−1.45
2008	51	13.59	45	16.46	6	−2.86
2009	57	10.43	50	10.71	7	−0.29
2010	64	11.99	57	13.74	6	−1.75
2011	75	18.20	66	16.59	9	1.62
2012	88	17.26	80	20.71	8	−3.45
2013	101	15.01	93	15.76	8	−0.75
2014	111	10.08	102	9.27	10	0.81
2015	120	7.26	110	7.97	10	−0.71
2016	121	1.09	108	−1.45	13	2.54

二、黔东南州各地区卷烟销售分析

（一）各地区卷烟销售总量分析

从黔东南州各地区的销售量看，2016 年凯里销售量最大，其销售量达到 25520 箱；销售量最小的地区为台江，其销售量为 4001 箱。2011~2016 年，榕江、从江、麻江、雷山销量总体呈上升趋势，凯里、黄平、岑巩、三穗、剑河、锦屏在 2015 年销售量达到最大值，在 2016 年出现下降趋势。黎平、天柱、镇远、丹寨、施秉、台江在 2014 年销售量达到最大值，在 2015 年出现下降趋势。具体如表 4-6 所示。

表 4-6　2011~2016 年各地区卷烟销售总量（箱）

	2011 年	2012 年	2013 年	2014 年	2015 年	2016 年
凯里	21872	22750	23630	24964	25911	25520
黎平	13527	13831	13861	14077	14020	13842
榕江	9165	9015	9095	9371	9435	9570
天柱	10057	10411	10541	10643	10530	9286
从江	8052	8101	8161	8386	8397	8834
黄平	8208	8319	8468	8828	8850	8637
镇远	8450	8651	8702	8932	8915	7779
麻江	6350	6454	6506	7051	7070	7303
岑巩	5455	5645	5711	5912	6084	5845
三穗	5436	5671	5896	6251	6290	5489
剑河	5003	5031	5083	5557	5630	5446
锦屏	5090	5180	5303	5307	5390	5348
雷山	3472	3470	3583	3976	4097	4774
丹寨	4005	4002	4141	4550	4471	4706
施秉	4455	4471	4538	4694	4675	4704
台江	3463	3540	4002	4056	4036	4001

从各地区市场份额看，台江在 2016 年市场份额与 2011~2016 年平均市场份额均最低，而凯里最高。2016 年市场份额低于近 6 年的平均市场份额的地区有黎平、天柱、黄平、岑巩、三穗和锦屏六个地区。

表 4-7　2011~2016 年各地区卷烟销量市场份额（%）

	2016 年市场份额	2011~2016 年平均市场份额
凯里	19.47	18.74
黎平	10.56	10.79
榕江	7.30	7.22
天柱	7.08	7.98
从江	6.74	6.48
黄平	6.59	6.65
镇远	5.93	6.67
麻江	5.57	5.28
岑巩	4.46	4.49
三穗	4.19	4.54
剑河	4.15	4.12
锦屏	4.08	4.10
雷山	3.64	3.03
丹寨	3.59	3.35
施秉	3.59	3.57
台江	3.05	2.99

2016 年从江、麻江、雷山、丹寨、施秉五个地区销售量正增速，其中最高的地区为雷山，其增幅为 17%。降幅最大的三个地区分别为镇远、三穗和天柱，其降幅分别为 -13%、-13% 和 -12%。

表 4-8　2016 年各地区卷烟销售量增速（%）

地区	凯里	黎平	榕江	天柱	从江	黄平	镇远	麻江
增速	-2	-1	1	-12	5	-2	-13	3
地区	岑巩	三穗	剑河	锦屏	雷山	丹寨	施秉	台江
增速	-4	-13	-3	-1	17	5	1	-1

2016 年省内卷烟销售量最大的地区为凯里，省内烟销售量最小的地区为台江，其销售量分别为 18935 箱和 3202 箱。

表 4-9　2011~2016 年各地区省内卷烟销售量（箱）

	2011 年	2012 年	2013 年	2014 年	2015 年	2016 年
凯里	14798	15640	16679	17800	18573	18935
黎平	10656	10717	10925	10895	10806	10979
榕江	7998	7710	7432	7643	7563	8017
天柱	7628	8616	8843	8797	8492	7535
从江	6613	6314	6220	6499	6318	7058
镇远	6477	6979	7483	7445	7407	6523
黄平	6855	6204	6037	6154	6784	6313
麻江	5269	4878	4727	5208	5229	5534
岑巩	4461	4709	4918	4900	5029	5043
三穗	4498	4504	4563	4865	5068	4566
剑河	4245	4245	4050	4452	4555	4455
锦屏	4162	4283	4346	4351	4443	4429
雷山	3003	2817	2671	3015	3042	3823
丹寨	3676	2988	2965	3405	3471	3794
施秉	3785	3497	3324	3605	3717	3760
台江	2861	2763	3099	3300	3175	3202

16 个地区中只有凯里在 2011~2016 年省内卷烟销售量保持稳健上升趋势。2016 年省内卷烟共有 10 个地区销售量上升，其中增速排名前三的地区为雷山、从江和丹寨，其增幅分别为 25.67%、11.71% 和 9.31%。2016 年省内卷烟共有 6 个地区销售量下降，其中降幅最大的三个地区为镇远、天柱和三穗，其增幅分别为 -11.93%、-11.27% 和 -9.91%。

表 4-10　2012~2016 年省内卷烟销量增速（%）

	2012 年	2013 年	2014 年	2015 年	2016 年
凯里	5.69	6.64	6.72	4.34	1.95
黎平	0.57	1.94	-0.27	-0.82	1.60

续表

	2012 年	2013 年	2014 年	2015 年	2016 年
榕江	-3.60	-3.61	2.84	-1.05	6.00
天柱	12.95	2.63	-0.52	-3.47	-11.27
从江	-4.52	-1.49	4.49	-2.79	11.71
镇远	7.75	7.22	-0.51	-0.51	-11.93
黄平	-9.50	-2.69	1.94	10.24	-6.94
麻江	-7.42	-3.10	10.18	0.40	5.83
岑巩	5.56	4.44	-0.37	2.63	0.28
三穗	0.13	1.31	6.62	4.17	-9.91
剑河	0.00	-4.59	9.93	2.31	-2.20
锦屏	2.91	1.47	0.12	2.11	-0.32
雷山	-6.19	-5.18	12.88	0.90	25.67
丹寨	-18.72	-0.77	14.84	1.94	9.31
施秉	-7.61	-4.95	8.45	3.11	1.16
台江	-3.43	12.16	6.49	-3.79	0.85

从省外卷烟销售量增速来看，2016 年省外卷烟只有榕江地区销售量上升，其增幅分别为 12.45%，其余 15 个地区省外卷烟销售量均下降，其中降幅最大的三个的地区为锦屏、施秉和黄平，其降幅分别为-24.59%、-24.27%和-17.17%。具体如表 4-11 所示。

表 4-11 2012~2016 省外卷烟销量增速（%）

	2012 年	2013 年	2014 年	2015 年	2016 年
凯里	0.61	-2.27	3.08	2.15	-10.32
黎平	8.58	-5.75	8.38	0.97	-10.99
榕江	56.43	14.89	10.04	-22.77	12.45
天柱	24.36	8.62	-2.78	10.12	-14.73
从江	45.79	12.88	3.60	-0.16	-4.02
镇远	-26.07	-5.40	8.60	10.41	-14.15
黄平	11.92	27.43	3.91	8.22	-17.17
麻江	-15.21	-27.09	21.82	1.41	-17.00

续表

	2012 年	2013 年	2014 年	2015 年	2016 年
岑巩	3.69	31.30	7.07	−2.71	−7.91
三穗	39.53	39.66	5.37	9.68	−9.96
剑河	45.37	24.64	−10.30	−12.21	−1.46
锦屏	24.55	14.22	3.90	−11.91	−24.59
雷山	−3.13	6.57	−0.10	−0.94	−3.17
丹寨	208.21	15.98	−2.64	−12.75	−8.91
施秉	−5.94	−15.19	27.62	4.25	−24.27
台江	29.45	16.07	−16.28	13.76	−7.21

近 3 年来，各地区省内卷烟销售量占比均在 70%以上，其中凯里地区历年来占比均最低。2016 年省内卷烟销售量占比最高的三个地区为岑巩、三穗、剑河和锦屏，其占比分别为 84%、83%、83%、83%。就省外卷烟而言，各地区销量所占百分比大部分维持在 20%以下水平，其中鲜有地区在 2016 年超出 20%，卷烟出省销量在 2016 年最高的几个地区分别为：凯里（26%）、榕江（22%）、镇远（21%）如表 4-12 所示。

表 4-12　2011~2016 年贵州各地区省内/外卷烟销量百分比（%）

	省内卷烟						省外卷烟					
	2011 年	2012 年	2013 年	2014 年	2015 年	2016 年	2011 年	2012 年	2013 年	2014 年	2015 年	2016 年
凯里	68	69	71	71	72	74	32	31	29	29	28	26
黎平	79	77	79	77	77	79	21	23	21	23	23	21
榕江	86	78	75	74	79	78	14	22	25	26	21	22
天柱	84	83	82	82	80	81	16	17	18	18	20	19
从江	86	80	78	78	77	80	14	20	22	22	23	20
镇远	73	80	82	80	78	79	27	20	18	20	22	21
黄平	85	83	78	78	78	80	15	17	22	22	22	20
麻江	73	74	79	78	78	82	27	26	21	22	22	18
岑巩	85	86	83	82	82	84	15	14	17	18	18	16
三穗	91	87	83	84	83	83	9	13	17	16	17	17
剑河	86	81	77	80	83	83	14	19	23	20	17	17

续表

	省内卷烟						省外卷烟					
	2011年	2012年	2013年	2014年	2015年	2016年	2011年	2012年	2013年	2014年	2015年	2016年
锦屏	82	79	77	76	78	83	18	21	23	24	22	17
雷山	76	76	74	76	76	81	24	24	26	24	24	19
丹寨	92	75	72	75	78	81	8	25	28	25	22	19
施秉	79	79	81	78	78	82	21	21	19	22	22	18
台江	83	78	77	81	79	80	17	22	23	19	21	20

（二）各地区卷烟销售额分析

从黔东南州各地区卷烟销售额看，2016年凯里销售额最大，达到80803万元；台江销售额最小，销售额仅9788万元。2011~2016年榕江、从江、麻江、黎平、雷山、丹寨和三穗销售额总体呈上升趋势，凯里、天柱、黄平、岑巩、剑河、锦屏、施秉、台江、镇远在2015年销售额达到最大值，在2016年出现下降趋势，如表4-13所示。

表4-13 2011~2016年各地区卷烟销售额（万元）

	2011年	2012年	2013年	2014年	2015年	2016年
凯里	48713	58979	69335	77522	84446	80803
黎平	21216	26068	29689	32218	35543	35696
榕江	14679	17705	20594	23072	25050	26346
天柱	17332	21598	25766	27682	30348	25423
从江	12023	14647	16818	18858	21079	22302
黄平	10799	13720	16899	20043	21596	20650
镇远	14115	17094	19644	22247	24118	20481
麻江	8933	11370	13461	15512	17633	16875
岑巩	8579	10733	12856	16089	17223	16774
三穗	8628	10551	12550	13917	15337	15448
剑河	8852	11294	13878	16003	17098	14448
锦屏	7492	9245	11021	13176	14284	14102
雷山	4818	5779	7155	8958	10308	11912
丹寨	5419	7074	8525	10411	11237	11563
施秉	6240	7811	9221	10654	11409	11395
台江	5044	6226	8082	8953	9942	9788

从各地区市场份额看，无论是销量市场份额还是销售额市场份额，前三甲依次为凯里、黎平、榕江。销售额市场份额较销售量市场份额高的地区有凯里、榕江、天柱、岑巩、三穗，说明这五个地区的卷烟结构高于其他地区，如表4-14所示。

表4-14 2016年各地区卷烟市场份额（%）

	销量市场份额	销售额市场份额
凯里	19.47	22.83
黎平	10.56	10.08
榕江	7.30	7.44
天柱	7.08	7.18
从江	6.74	6.30
黄平	6.59	5.83
镇远	5.93	5.79
麻江	5.57	4.77
岑巩	4.46	4.74
三穗	4.19	4.36
剑河	4.15	4.08
锦屏	4.08	3.98
雷山	3.64	3.37
丹寨	3.59	3.27
施秉	3.59	3.22
台江	3.05	2.76

2016年，黎平、榕江、从江、三穗、雷山、丹寨六个地区销售额正向增速，雷山增速最高，其增速为15.6%。销售额在其他地区下滑的中，降幅最大的三个地区分别为天柱、剑河和镇远，其降幅分别为-16.2%、-15.5%和-15.1%，如表4-15所示。

表4-15 2016年各地区卷烟销售额增速户（%）

地区	凯里	黎平	榕江	天柱	从江	黄平	镇远	麻江
增速	-4.3	0.4	5.2	-16.2	5.8	-4.4	-15.1	-4.3
地区	岑巩	三穗	剑河	锦屏	雷山	丹寨	施秉	台江
增速	-2.6	0.7	-15.5	-1.3	15.6	2.9	-0.1	-1.5

（三）各地区卷烟销售价格分析

从黔东南州各地区卷烟销售价格看，2016 年凯里销售价格最高，达到 127 元/条；而麻江销售价格最低，价格仅为 92 元/条。2011~2016 年销售价格总体呈上升趋势主要是锦屏、榕江、剑河、黎平、从江六个地区，其他地区虽均在 2015 年销售价格达到最大值，但在 2016 年出现下降趋势，如表 4-16 所示。

表 4-16 2011~2016 年各地区卷烟销售价格（元/条）

	2011 年	2012 年	2013 年	2014 年	2015 年	2016 年
黔东南	66	80	93	102	110	108
凯里	89	104	117	124	130	127
锦屏	68	81	95	105	114	116
岑巩	66	81	94	105	116	115
榕江	64	79	91	98	106	110
天柱	69	83	98	104	115	110
镇远	67	79	90	100	108	105
三穗	65	80	94	102	109	105
剑河	60	73	87	95	101	104
黎平	63	75	86	92	101	103
从江	60	72	82	90	100	101
雷山	56	67	80	90	101	100
丹寨	54	71	82	92	101	98
台江	58	70	81	88	99	98
施秉	56	70	81	91	98	97
黄平	53	66	80	91	98	96
麻江	54	67	79	91	97	92

从各地区销售价格与全州价格对比看，2016 年除了天柱、榕江、岑巩、锦屏与凯里五个地区的销售价格高于全州价格外，其中凯里较全州价格高 19 元/条。其他地区价格低于全州价格，其中麻江销售价格低于全州平均价格 16 元/条，如图 4-4 所示。

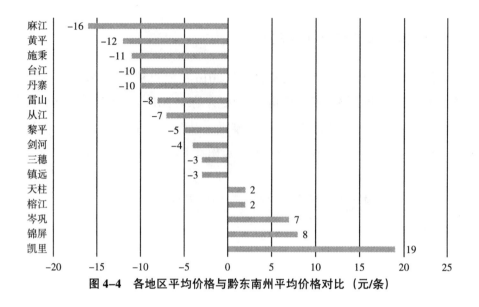

图 4-4　各地区平均价格与黔东南州平均价格对比（元/条）

2016 年锦屏、榕江、剑河、黎平、从江五个地区销售价格增速为正增长，其中增速最快的是榕江，增速达 3.8%。在销售价格降幅中，降幅最大的是麻江、天柱、三穗三个地区，下降幅度依次为 5.2%、-4.3% 和 -3.7%，如表 4-17 所示。

表 4-17　2016 年各地区卷烟销售价格增速（%）

地区	凯里	锦屏	岑巩	榕江	天柱	镇远	三穗	麻江
增速	-2.3	1.8	-0.9	3.8	-4.3	-2.8	-3.7	5.2%
地区	剑河	黎平	从江	雷山	丹寨	台江	施秉	黄平
增速	3.0	2.0	1.0	-1.0	-3.0	-1.0	-1.0	-2.0

三、黔东南州各业态卷烟销售分析

（一）各业态卷烟销售量分析

2011~2016 年各业态卷烟销售量中食杂店销售量最高，而商场销售量最低，基本维持个位数水平。2016 年前娱乐服务业态销售量波动不大但较超市高，而

2016 年超市销量超出娱乐服务业态。便利店销量逐年增加，如表 4-18 所示。

表 4-18　2011~2016 年各业态卷烟销售量（箱）

年份	娱乐服务	商场	超市	烟酒商店	食杂店	便利店	其他
2011	2479	1	1046	2716	104064	2462	9292
2012	2464	0	1269	3165	105183	3066	9398
2013	2545	1	1377	3690	106450	3432	9728
2014	2415	13	1594	3961	111269	3720	9583
2015	2247	9	2220	4103	112034	4126	9064
2016	1771	1	2669	4049	110480	4560	7553

　　由于各业态之间销售量数量级相差较大，对数据进行归一化处理后可以发现，超市、烟酒商店、便利店逐年增加，食杂店基本保持稳健态势，而娱乐服务及其他呈下降趋势，如图 4-5 所示。

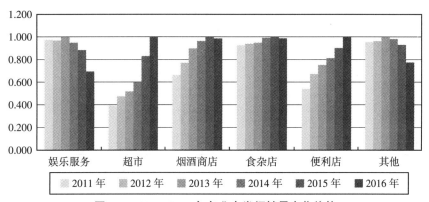

图 4-5　2011~2016 年各业态卷烟销量变化趋势

　　2014~2016 年娱乐服务业销售量逐年下降，其下降幅度逐年增加，在 2016 年下降幅度达到 -21%。烟酒商店和其他业态销售量增速逐年递减，2016 年烟酒商店下降幅度为 -1%，其他业态销售量下降幅度为 -17%，如表 4-19 所示。

表 4-19　2012~2016 年各业态卷烟销量增长率（%）

年份	娱乐服务	超市	烟酒商店	食杂店	便利店	其他
2012	-1	21	17	1	25	1
2013	3	9	17	1	12	4

续表

年份	娱乐服务	超市	烟酒商店	食杂店	便利店	其他
2014	-5	16	7	5	8	-1
2015	-7	39	4	1	11	-5
2016	-21	20	-1	-1	11	-17

从市场份额来看，2011~2016 年食杂店市场份额在 83%~86% 范围内波动。烟酒商店和便利店市场份额在 2%~4% 范围内波动，其中便利店市场份额有逐年上升趋势。娱乐服务和超市市场份额在 1%~2% 范围内波动，其中超市市场份额尽管比重不大但在逐年上升，而娱乐服务市场份额则逐年下降。其他业态市场份额也在逐年下降，2011 年其市场份额为 7.5%，至 2016 年下降至 5.6%，如表 4-20 所示。

表 4-20 2011~2016 年各业态卷烟销量市场份额（%）

年份	娱乐服务	超市	烟酒商店	食杂店	便利店	其他
2011	2.0	0.8	2.2	85.5	2.0	7.5
2012	2.0	1.0	2.6	84.2	2.5	7.7
2013	2.0	1.1	2.9	83.5	2.7	7.7
2014	1.8	1.2	3.0	83.8	2.8	7.3
2015	1.7	1.7	3.1	83.7	3.1	6.8
2016	1.3	2.0	3.0	84.6	3.4	5.6

（二）各业态卷烟销售额分析

自 2013 年以来，娱乐服务业与其他业态卷烟销售额逐年下降，其下降幅度逐年增加，在 2016 年下降幅度分别达到-20% 和-18%。反而，便利店和超市业态卷烟销售额逐年增加，2016 年其涨幅分别为 9%、16%。自 2015 年以来，食杂店销售额逐年增加，其中 2012 年增速达到 22%，但 2016 年出现下滑，增速下降至-3%，如表 4-21、表 4-22 所示。

表 4-21 2011~2016 年各业态卷烟销售额（万元）

年份	便利店	娱乐服务类	商场	其他	超市	烟酒商店	食杂店
2011	6586	5674	6	16602	3355	11017	159641
2012	9201	6449	0	20323	4331	14417	195172
2013	11358	7529	2	24367	4903	17161	230174
2014	12407	7346	46	26188	5868	18553	266005
2015	14629	7062	37	26085	8309	20849	289679
2016	15911	5636	6	21366	9644	20841	280602

表 4-22 2012~2016 年各业态卷烟销售额增速（%）

年份	便利店	娱乐服务类	其他	超市	烟酒商店	食杂店
2012	40	14	22	29	31	22
2013	23	17	20	13	19	18
2014	9	−2	7	20	8	16
2015	18	−4	0	42	12	9
2016	9	−20	−18	16	0	−3

从市场份额来看，2011~2016 年食杂店卷烟市场份额在 79% 左右，烟酒商店卷烟市场份额在 6% 左右，便利店卷烟市场份额在 4% 左右，娱乐服务业和超市卷烟市场份额均在 3% 左右。其他业态卷烟市场份额下降较明显，2014 年为 8%，截至 2016 年下降到 6%。总的来看，食杂店稳居市场第一，其次为其他、便利店、娱乐服务类、超市，如表 4-23 所示。

表 4-23 2011~2016 年各业态卷烟销售额市场份额（%）

年份	便利店	娱乐服务类	其他	超市	烟酒店	食杂店
2011	3	3	8	2	5	79
2012	4	3	8	2	6	78
2013	4	3	8	2	6	78
2014	4	2	8	2	6	79
2015	4	2	7	2	6	79
2016	4	2	6	3	6	79

（三）各业态销售卷烟价格分析

从各业态销售价格来看，娱乐服务和烟酒商店其销售价格每年增加，商场业态也在 2013 年起销售价格也逐年增加。便利店、超市、食杂店和其他业态的销售价格虽在 2011~2015 年均处于上升状态，但至 2016 年均出现不同程度回落，如表 4-24 所示。

表 4-24 2011~2016 年各业态卷烟销售价格

单位：元

年份	便利店	娱乐服务	商场	其他	超市	烟酒商店	食杂店
2011	106	92	187	71	128	162	61
2012	120	106		86	138	182	74
2013	132	119	107	100	143	186	86
2014	134	123	147	109	148	187	96
2015	142	127	164	115	151	203	103
2016	141	128	171	113	144	206	102

2016 年烟酒商店卷烟销售价格最高，其价格为 206 元/条，而食杂店销售价格最低，价格为 102 元/条。其他业态卷烟销售价格基本在 113~171 元/条左右，如图 4-6 所示。

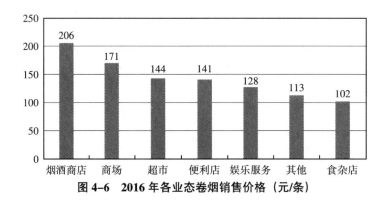

图 4-6 2016 年各业态卷烟销售价格（元/条）

从各业态价格增速看，2012~2016 年只有娱乐服务业和烟酒商店的卷烟价格增速每年均为正增长，但增速幅度几乎逐年下降，其他业态在 2016 年均为负增长。2016 年价格增幅最大的是商场，价格增幅达到 4%；价格下降幅度最大的是超市，达到 -5%，如表 4-25 所示。

表 4-25　2012~2016 年各业态卷烟销售价格增速（%）

年份	便利店	娱乐服务	商场	其他	超市	烟酒商店	食杂店
2012	13	14	-100	21	7	12	21
2013	11	13		16	4	2	17
2014	1	3	37	9	3	1	11
2015	7	3	11	5	2	8	8
2016	-1	1	4	-2	-5	2	-2

四、黔东南州各价类卷烟销售分析

（一）各价类卷烟销售量分析

从各价类卷烟销售量来看，三类烟销量在 6 年中销量均最高，其所占市场份额也最高。一类烟和二类烟在 2011~2014 年销量与市场份额均逐渐上升，从 2015 年开始逐步下降。三类烟在 2011~2015 年销量与市场份额逐年增加，但 2016 年出现下滑。四类烟和五类烟 2012~2015 年销量与市场份额均处于下降趋势，但在 2016 年其销量与市场份额均增加，如表 4-26、表 4-27 所示。

表 4-26　2011~2016 年各价类卷烟销量（箱）

年份	一类烟销量	二类烟销量	三类烟销量	四类烟销量	五类烟销量	无类烟
2011	8276	1915	72556	12648	26664	3
2012	11901	2731	74977	14370	20561	6
2013	16367	4214	78662	13161	14810	9
2014	20886	8212	81109	10603	11727	17
2015	19434	7207	98084	7485	1490	103
2016	18045	4325	96024	9726	2897	67

表 4-27　2011~2016 年各价类卷烟销量市场份额（%）

年份	一类烟销量	二类烟销量	三类烟销量	四类烟销量	五类烟销量	无类烟
2011	6.67	1.54	58.48	10.19	21.49	0.00
2012	9.40	2.16	59.24	11.35	16.25	0.00
2013	12.66	3.26	60.87	10.18	11.46	0.01
2014	15.52	6.10	60.27	7.88	8.71	0.01
2015	14.31	5.31	72.22	5.51	1.10	0.08
2016	13.56	3.25	72.14	7.31	2.18	0.05

从各价类卷烟增速看，一类烟、二类烟、三类烟和无类烟在 2016 年均为负增长，其中二类烟销量下降幅度达 40%，其次为无类烟，下降幅度达 35%。四类烟和五类烟在 2016 年均呈正增长，其上涨幅度分别为 30% 和 94%，如表 4-28 所示。

表 4-28　2012~2016 年各价类卷烟销量增速（%）

年份	一类烟	二类烟	三类烟	四类烟	五类烟	无类烟
2012	44	43	3	14	−23	127
2013	38	54	5	−8	−28	52
2014	28	95	3	−19	−21	95
2015	−7	−12	21	−29	−87	509
2016	−7	−40	−2	30	94	−35

（二）各价类卷烟销售额分析

从各价类卷烟销售额与市场份额看，三类烟销售额 6 年中均最高，其所占市场份额也最高，占市场总额近一半，均在 50% 左右。其次是一类烟，其市场份额在 40% 左右，如表 4-29 所示。

自 2014 年起，一类烟和二类烟市场份额逐年下降，但三类烟逐年上升，四类烟市场份额基本稳定。五类烟市场份额很小，且其市场份额较 2014 年下降幅度很大，2016 年出现回升，如表 4-30 所示。

表4-29 2011~2016年各价类卷烟销售额（万元）

年份	一类	二类	三类	四类	五类	雪茄烟
2011	61793	6504	110436	11333	12779	37
2012	87136	9042	127190	12457	11565	79
2013	119607	13818	141628	11988	8331	123
2014	144655	26957	148387	9628	6596	191
2015	138901	24269	194769	7526	866	319
2016	133370	15103	193786	9819	1725	204

表4-30 2011~2016年各价类卷烟销售额市场份额（%）

年份	一类	二类	三类	四类	五类	无价类
2011	30.5	3.2	54.4	5.6	6.3	0.0
2012	35.2	3.7	51.4	5.0	4.7	0.0
2013	40.5	4.7	47.9	4.1	2.8	0.0
2014	43.0	8.0	44.1	2.9	2.0	0.1
2015	37.9	6.6	53.1	2.1	0.2	0.1
2016	37.7	4.3	54.7	2.8	0.5	0.1

从各价类卷烟销售额增速来看，一类烟、二类烟、三类烟和无价类烟在2016年均为负增长，其中二类烟销量下降幅度达37.77%，其次为无价类，下降36.28%。四类烟和五类烟在2016年均为正增长，其上涨幅度分别为30.48%和99.21%，如表4-31所示。

表4-31 2012~2016年各价类卷烟销售额增长率（%）

年份	一类	二类	三类	四类	五类	无价类
2012	41.01	39.02	15.17	9.93	−9.50	112.90
2013	37.27	52.82	11.35	−3.77	−27.97	55.84
2014	20.94	95.09	4.77	−19.69	−20.82	54.87
2015	−3.98	−9.97	31.26	−21.83	−86.87	67.43
2016	−3.98	−37.77	−0.51	30.48	99.21	−36.28

（三）各价类卷烟价格分析

从各价类卷烟销售价格看，除无价类卷烟外，其他各价类卷烟价格在 2016 年均处于上升水平。三类烟、四类烟与五类烟销售价格每年稳步上升，一类烟与二类烟价格虽在 2011~2014 年逐步下降，但自 2015 年起价格开始上升。

表 4-32　2011~2016 年各价类卷烟销售价格（元/条）

年份	一类	二类	三类	四类	五类	无价类
2011	299	136	61	36	19	588
2012	295	133	69	35	22	554
2013	292	131	72	36	22	566
2014	277	131	73	36	22	449
2015	286	135	79	40	23	124
2016	296	140	81	40	24	122

从各类卷烟价格增速来看，一类烟自 2012~2014 年价格增速逐年下降，在 2015 年价格正向增长，且涨幅均维持 3% 水平。而二类烟价格涨幅逐年增加，2016 年涨幅达到 4%，三类烟与一类烟类似，2012 年以来，价格增幅逐年下降，2015 年出现上升后，2016 年又下跌，但总的而言维持正向增长水平。

表 4-33　2012~2016 年各价类卷烟销售价格增速（%）

年份	一类	二类	三类	四类	五类	无价类
2012	-1	-2	13	-3	16	-6
2013	-1	-2	4	3	0	2
2014	-5	0	1	0	0	-21
2015	3	3	8	11	5	-72
2016	3	4	3	0	4	-2

五、黔东南州各价位段卷烟销售分析

（一）各价位段卷烟销售量分析

近两年来，卷烟销售总量中以 60~90 元/条（含 60 元/条）和 90~150 元/条（含 90 元/条）销量为主，2016 年市场份额分别达到 37.82%、35.97%；30 元/条以下卷烟销售量和市场份额在 2011 年占据一定比例外，2012 年逐渐退出市场，在 2016 年又进入市场，但市场份额不高，如表 4-34 所示。

表 4-34　2011~2016 年各价位段卷烟销售量（箱）

	2011 年	2012 年	2013 年	2014 年	2015 年	2016 年
800 元/条以上	250	385	579	589	719	832
600~800 元/条	495	589	725	707	730	336
300~600 元/条	3288	4240	5315	5713	4341	4365
150~300 元/条	6019	9059	13163	20684	19583	16195
90~150 元/条	20608	27706	32476	36140	51300	47155
60~90 元/条	52090	47635	46993	46390	48153	49575
30~60 元/条	19585	34930	27971	22329	8975	12603
30 元/条以下	19727	0.1	0.5	2.0	1.8	23.3

由图 4-7 可以看出，历年来卷烟销售量基本呈正态分布，60~90 元/条的卷烟销售量在 2011~2014 年最高，一直稳居不下，其他价位段卷烟的销量随价格的升高或者降低而递减。90~150 元/条的卷烟销售量在 2015 年销量最高，其他价位段卷烟的销量随价格的升高或者降低而递减。2016 年卷烟销量正态分布的高峰又转至 60~90 元/条。

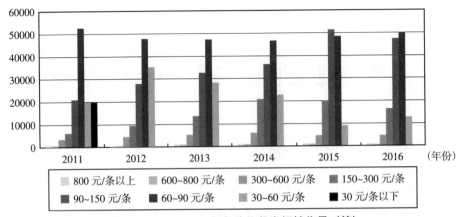

图 4-7　2011~2016 年各价位段卷烟销售量（箱）

表 4-35　2012~2016 年各价位段卷烟销售量增长速度（％）

	2012 年	2013 年	2014 年	2015 年	2016 年
800 元/条以上	54.07	50.28	1.75	22.02	15.66
600~800 元/条	19.13	23.07	−2.44	3.19	−53.98
300~600 元/条	28.97	25.35	7.50	−24.02	0.56
150~300 元/条	50.52	45.29	57.14	−5.32	−17.30
90~150 元/条	34.44	17.22	11.28	41.95	−8.08
60~90 元/条	−8.55	−1.35	−1.28	3.80	2.95
30~60 元/条	78.35	−19.92	−20.17	−59.81	40.42
30 元/条以下	−100.00	771.43	313.11	−12.70	1223.18

　　60~90 元/条及 800 元/条以上卷烟在 2011~2016 年销量与市场份额均逐渐上升，2016 年其市场份额分别为 37.82% 和 0.63%。300~600 元/条与 150~300 元/条在 2014 年卷烟销售量达到峰值，其中 150~300 元/条卷烟在 2016 年下降幅度达 −17.30%。90~150 元/条卷烟销量在 2015 年达到最大值，2016 年下降至 47155 箱，下降幅度为 −8.08%。30~60 元/条卷烟销量在 2012 年达到最大值，随后递减，在 2016 年销量又较 2015 年增加 40.42%。600~800 元/条卷烟销售量在 2016 年下降 −53.98%，如表 4-36 所示。

表 4-36 2011~2016 年各价位段卷烟销量市场份额 （%）

	2011 年	2012 年	2013 年	2014 年	2015 年	2016 年
800 元/条以上	0.20	0.31	0.46	0.44	0.54	0.63
600~800 元/条	0.41	0.47	0.57	0.53	0.55	0.26
300~600 元/条	2.69	3.40	4.18	4.31	3.24	3.33
150~300 元/条	4.93	7.27	10.35	15.60	14.64	12.35
90~150 元/条	16.88	22.25	25.53	27.26	38.34	35.97
60~90 元/条	42.68	38.25	36.94	35.00	35.99	37.82
30~60 元/条	16.05	28.05	21.99	16.85	6.71	9.61
30 元/条以下	16.16	0.00	0.00	0.00	0.00	0.02

（二）各价位段卷烟销售额分析

从各价位段销售额来看，2012~2016 年 90~150 元/条的卷烟销售额最高，其销售额在 2016 年达到 123419 万元，市场份额达到 35%；其次是 150~300 元/条的卷烟销售额 82744 万元，市场份额在 2016 年为 23%。2016 年 90~150 元/条的卷烟销售额与销售额市场份额对应正态分布的最高峰，随着价格的增加或者递减向两边递减。同时，由表 4-38 可以看出，2016 年 600~800 元/条的卷烟较 800 元/条以上的销售额低，其销售额市场份额只有 1%，而 800 元/条以上的市场份额占到 4%，如表 4-37、表 4-38、图 4-8 所示。

表 4-37 2011~2016 年各价位段卷烟销售额 （万元）

	2011 年	2012 年	2013 年	2014 年	2015 年	2016 年
800 元/条以上	4318	6673	10039	10121	12595	15546
600~800 元/条	6714	8032	9898	9658	10314	4886
300~600 元/条	28212	37613	48214	51903	42206	43344
150~300 元/条	28679	43483	63066	96008	94323	82744
90~150 元/条	50440	67790	79489	88679	129756	123419
60~90 元/条	60406	62245	64471	63815	69057	72512
30~60 元/条	15235	24056	20318	16229	8398	11544
30 元/条以下	8877	0	0	1	1	11

表4-38　2011~2016年各价位段卷烟销售额市场份额（%）

	2011年	2012年	2013年	2014年	2015年	2016年
800元/条以上	2	3	3	3	3	4
600~800元/条	3	3	3	3	3	1
300~600元/条	14	15	16	15	12	12
150~300元/条	14	17	21	29	26	23
90~150元/条	25	27	27	26	35	35
60~90元/条	30	25	22	19	19	20
30~60元/条	8	10	7	5	2	3
30元/条以下	4	0	0	0	0	0

图4-8　2016年各价位段卷烟销售额（万元）

　　黔东南州卷烟消费市场主要消费价位段90~150元/条，其销售额在2012~2015年一直处于正增长，其中2015年销售额增长速度达到46%，但在2016年销售额下降5%。60~90元/条卷烟除了在2014年为负增长外，其余年份均为正增长，其中2016年增长速度为5%。800元/条的卷烟销售额一直维持正增长，2016年增长速度为23%。30~60元/条的卷烟销售额从2013年开始处于负增长状态，负增长速度逐年加大，2015年下降48%，但在2016年又增长37%。600~800元/条的卷烟销售额在2016年下滑53%，如表4-39所示。

表4-39　2012~2016年各价位段卷烟销售额增长速度（%）

	2012年	2013年	2014年	2015年	2016年
800元/条以上	55	50	1	24	23
600~800元/条	20	23	-2	7	-53

续表

	2012 年	2013 年	2014 年	2015 年	2016 年
300~600 元/条	33	28	8	−19	3
150~300 元/条	52	45	52	−2	−12
90~150 元/条	34	17	12	46	−5
60~90 元/条	3	4	−1	8	5
30~60 元/条	58	−16	−20	−48	37
30 元/条以下	−100	771	313	−13	1299

（三）各价位段卷烟价格分析

除 800 元/条以上、150~300 元/条卷烟价格在 2014 年有所下降，30~60 元/条卷烟价格在 2012 年有所下降外，各价位段平均销售价格在 2011~2016 年基本保持上升趋势。

60~90 元/条、600~800 元/条、800 元/条以上的卷烟实际销售平均价格均低于该价位段的下限，2016 年 60~90 元/条卷烟销售平均价格为 59 元，与该价位段下限相差 1 元，600~800 元/条的卷烟销售平均价格为 582 元/条，与该价位段下限相差 18 元/条，800 元/条以上的卷烟销售平均价格为 748 元/条，与该价位段下限相差 52 元/条。30~60 元/条、90~150 元/条、150~300 元/条和 300~600 元/条的卷烟销售价格均高于其对应价位段的下限，但低于对应价位段的中间数。30 元/条以下的销售价格高于其对应价位段的中间数，如图 4-9、表 4-40 所示。

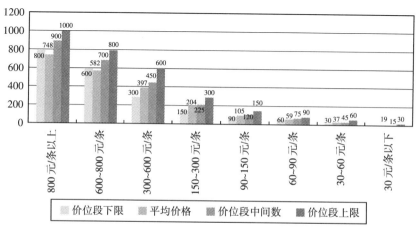

图4-9 各价位段卷烟销售价格（元/条）

表4-40　2011~2016年各价位段卷烟销售价格（元/条）

	2011年	2012年	2013年	2014年	2015年	2016年
800元/条以上	690	692	693	687	700	748
600~800元/条	543	545	546	546	565	582
300~600元/条	343	355	363	363	389	397
150~300元/条	191	192	192	186	193	204
90~150元/条	98	98	98	98	101	105
60~90元/条	46	52	55	55	57	59
30~60元/条	31	28	29	29	37	37
30元/条以下	18	18	18	18	18	19

从各价位段销售价格增速看，2016年800元/条以上、150~300元/条、30元/条以下价格较上一年增幅增大，而30~60元/条的价格在2016年出现负增长。具体如表4-41所示。

表4-41　2012~2016年各价位段卷烟销售价格增速（%）

	2012年	2013年	2014年	2015年	2016年
800元/条以上	0	0	−1	2	7
600~800元/条	0	0	0	3	3
300~600元/条	3	2	0	7	2
150~300元/条	1	0	−3	4	6
90~150元/条	0	0	0	3	3
60~90元/条	13	5	0	4	2
30~60元/条	−11	5	0	29	−2
30元/条以下	0	0	0	0	6

第五章 黔东南州卷烟市场需求预测与容量研究

一、黔东南州卷烟市场影响因素分析

（一）影响卷烟消费经济发展可能因素

1. 地区生产总值

地区经济发展水平决定了本地区居民生活和消费水平，地区生产总值作为地区经济发展水平的重要指标，其高低对卷烟消费的消费量和消费结构的影响不言而喻。因而，研究选取黔东南州地区生产总值（GDP）研究地区经济发展水平对黔东南州卷烟消费的影响。

2. 居民生活水平

居民的生活水平是卷烟需求又一主要影响因素，衡量居民生活水平的指标有：消费价格指数、城镇人均年可支配收入、水平农民人均纯收入、社会消费品零售总额、城镇居民人均年消费性支出、农民人均生活消费支出、城市居民恩格尔系数、农村居民恩格尔系数等指标来反映贵州省的居民生活水平。本书主要选取城镇人均年可支配收入、农民人均纯收入反映黔东南州居民生活水平对卷烟实际需求量的影响。

一般来说，在其他条件不变的情况下，消费者的收入越高，对商品的需求越多。但随着人们收入水平的不断提高，消费需求结构会发生变化，即随着收入的提高，对有些商品的需求会增加，而对有些商品的需求会减少。当地居民生活消费水平与卷烟需求量密切相关，随着人们收入水平和生活水平提高，居民购买消费品的能力增强，居民收入水平决定卷烟消费水平和卷烟的消费需求档次。因此研究黔东南州居民收入的变化情况，以进一步研究居民收入的增加是否对卷烟需求会有影响。

3. 产业结构

产业结构差异将对卷烟需求量规模、需求层次及需求结构等方面产生影响，随着产业结构从第一产业向第三产业的调整，第三产业发展与消费需求扩张存在密切的关系，能有效促进卷烟等快速消费品的发展。

4. 人口总量变化

卷烟销售量当然会受到人口数量方面的影响，其中，一个因素是卷烟消费者也即平常所讲的烟民数量，而烟民数量又会受到人口规模、吸烟人口比例等影响：人口总量基数越大，吸烟人口占总人口量的比例越高，烟民数量就越多，对卷烟的需求量就会随之变大，进而导致销售量的上升；另一个因素是烟民的卷烟吸食量，在既定人口规模和吸烟人口比例下，卷烟需求会随吸食量的增加而增加，也会导致销售量的增长。所以，选取常住人口总量研究人口因素对卷烟销售量的影响。

5. 固定资产投资

固定资产投资是建造和购置固定资产的经济活动，即固定资产再生产活动，固定资产再生产过程包括固定资产更新（局部和全部更新）、改建、扩建、新建等活动。随着黔东南州固定资产投资规模的增加，可能会在一定程度上影响卷烟销售量的增加。

6. 旅游人次及旅游收入

黔东南州的旅游发展状况可以用接待旅游人次和旅游业收入反映，旅游人次包括入境国际旅游者人次和国内旅游者人次。黔东南州内旅游的游客会刺激卷烟的需求量，所以分析旅游业发展对卷烟销量的影响关系。

7. 社会消费品零售总额

社会消费品零售总额用于反映一定时期内人民物质文化生活水平的提高情况，反映社会商品购买力的实现程度，以及零售市场的规模状况。社会消费品零售总额由社会商品供给和有支付能力的商品需求规模所决定，是研究居民生活水平、社会零售商品购买力、社会生产、货币流通和物价的发展变化趋势的重要指标。它是反映各行业通过多种商品流通渠道向居民和社会集团供应的生活消费品总量，是研究零售市场变动情况、反映经济景气程度的重要指标。加上卷烟的销售渠道中卷烟零售户销售占有很大比例，所以需要分析该指标对黔东南州卷烟销售量的影响。

8. 各影响因素数据

根据黔东南州 2006~2016 年国民经济和社会发展统计公报整理得到上述 7 个指标的数据，按四舍五入得到各指标的数值，如表 5-1 所示。

表 5-1 影响卷烟消费经济发展的各因素数据

年份	人口（万人）	GDP（亿元）	第一产业	第二产业	第三产业	接待游客数（万人）	固定资产投资总额（亿元）	城镇居民可支配收入（元）	农村居民可支配收入（元）	全社会消费品零售总额（亿元）
2006	445	166	51	46	68	635	93	6030	1468	56
2007	447	196	59	59	78	884	106	9932	2102	67
2008	402	228	64	72	93	1388	150	11616	2452	85
2009	402	251	65	84	102	1401	210	12465	2717	103
2010	374	313	77	94	142	1513	272	14059	3164	121
2011	346	384	81	124	179	2375	471	16410	3949	145
2012	347	478	97	153	228	2410	781	18831	4625	169
2013	348	586	112	180	294	3059	1027	20790	5345	194
2014	348	702	125	214	363	3745	1303	20990	6139	218
2015	349	812	163	232	416	4550	1501	23173	6863	256
2016	351	939	184	261	494	6704	1745	25282	7584	290

（二）经济对卷烟销售量影响因素分析

1. 总销量影响因素分析

为考察上述经济指标对卷烟销售量的影响，采用相关分析研究销售量与相关经济指标的密切程度。结果如表 5-2 所示。

表 5-2　影响卷烟消费经济发展的各因素与销售量的相关分析

	销售量	
	Pearson 相关性	Sig.（双侧）
黔东南州人口	−0.953**	0
黔东南 GDP	0.866**	0.001
第一产业	0.818**	0.002
第二产业	0.900**	0
第三产业	0.857**	0.001
接待游客数	0.794**	0.004
固定资产投资总额	0.852**	0.001
城镇居民可支配收入	0.944**	0
农村居民可支配收入	0.910**	0
全社会消费品零售总额	0.908**	0

注：** 表示 0.01 水平显著。

从表 5-2 中可以看出，卷烟销售量与相关各经济指标的相关系数均很大，且在 Sig.=0.01 水平时均显著。由于 2006~2016 年黔东南州年末常住人口在逐渐减少，而卷烟销量逐年上升，因此销售量与人口出现很强的负相关性，其相关系数为−0.953。与销售量呈正相关的经济指标中，城镇居民可支配收入与销售量的相关系数最高，其相关系数为 0.944，城镇居民可支配收入的提高，进而加大了他们对卷烟的消费；接待游客数与销售量的相关系数最低，其相关系数为 0.794。

由上述卷烟销售量相关性可以看出，除人口数量外的各经济指标与卷烟销售量均呈正相关，即这些经济指标的增加会对卷烟销售量增加产生积极影响。但实际上，这些经济指标本身之间就存在相关性，它们之间也相互影响，如表 5-3 所示，如"接待的游客数"与 GDP、接待游客数、固定资产投资总额、城镇居民可支配收入、农村居民可支配收入、全社会消费品零售总额有着极强的相关性，其相关系数均在 0.9 以上，且其他各经济指标的相关系数也在 0.9 以上。

为进一步探究卷烟销售量的影响因素及量化这些因素对销售量的影响程度，采用 SPSS 自动线性建模的标准模型，采用向前逐步回归的方式，考察这些经济变量对卷烟销售量预测的重要性程度，结果如图 5-1 所示。接待游客数的重要性程度为 0.45，全社会消费品零售总额的重要性程度为 0.36，固定资产投资总额的

表 5-3 各因素变量之间相关分析

		1	2	3	4	5	6	7	8	9	10
人口	相关性	1	-0.762**	-0.704*	-0.809**	-0.751**	-0.703*	-0.745**	-0.887**	-0.823**	-0.819**
	显著性		0.006	0.016	0.003	0.008	0.016	0.008	0.000	0.002	0.002
GDP	相关性	-0.762**	1	0.989**	0.995**	1.000**	0.974**	0.997**	0.957**	0.993**	0.994**
	显著性	0.006		0.000	0.000	0.000	0.000	0.000	0.000	0.000	0.000
第一产业	相关性	-0.704*	0.989**	1	0.973**	0.988**	0.981**	0.981**	0.931**	0.974**	0.980**
	显著性	0.016	0.000		0.000	0.000	0.000	0.000	0.000	0.000	0.000
第二产业	相关性	-0.809**	0.995**	0.973**	1	0.993**	0.958**	0.994**	0.974**	0.998**	0.995**
	显著性	0.003	0.000	0.000		0.000	0.000	0.000	0.000	0.000	0.000
第三产业	相关性	-0.751**	1.000**	0.988**	0.993**	1	0.975**	0.997**	0.950**	0.990**	0.991**
	显著性	0.008	0.000	0.000	0.000		0.000	0.000	0.000	0.000	0.000
接待游客数	相关性	-0.703*	0.974**	0.981**	0.958**	0.975**	1	0.961**	0.919**	0.959**	0.968**
	显著性	0.016	0.000	0.000	0.000	0.000		0.000	0.000	0.000	0.000
固定资产投资	相关性	-0.745**	0.997**	0.981**	0.994**	0.997**	0.961**	1	0.947**	0.988**	0.986**
	显著性	0.008	0.000	0.000	0.000	0.000	0.000		0.000	0.000	0.000
城镇支配收入	相关性	-0.887**	0.957**	0.931**	0.974**	0.950**	0.919**	0.947**	1	0.983**	0.978**
	显著性	0.000	0.000	0.000	0.000	0.000	0.000	0.000		0.000	0.000
农村支配收入	相关性	-0.823**	0.993**	0.974**	0.998**	0.990**	0.959**	0.988**	0.983**	1	0.997**
	显著性	0.002	0.000	0.000	0.000	0.000	0.000	0.000	0.000		0.000
消费品总额	相关性	-0.819**	0.994**	0.980**	0.995**	0.991**	0.968**	0.986**	0.978**	0.997**	1
	显著性	0.002	0.000	0.000	0.000	0.000	0.000	0.000	0.000	0.000	

注：* 表示在 0.05 水平（双侧）上显著相关；** 表示在 0.01 水平（双侧）上显著相关。

重要性程度为 0.05，城镇居民可支配收入的重要性程度为 0.03，人口数量的重要性响度 0.01，其他的经济指标重要性程度均为 0.02。

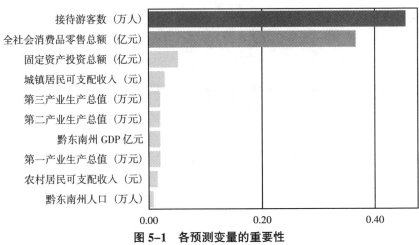

图 5-1 各预测变量的重要性

从预测卷烟销售量的最重要性四个指标来看，这三个指标之间存在极强的线性相关，考虑到多重共线性，根据指标的重要性程度，采用逐步进入的方式考察指标与销售量的线性回归模型。结果如表 5-4 所示。

表 5-4 模型汇总

模型	R	R²	调整 R²	标准估计的误差	Durbin-Watson
1	0.794ᵃ	0.631	0.590	10311.43851	
2	0.969ᵇ	0.939	0.924	4440.59089	
3	0.983ᶜ	0.966	0.951	3561.69608	
4	0.991ᵈ	0.982	0.971	2762.18400	2.548

注：a 预测变量：（常量）接待游客数（万人）。b 预测变量：（常量）接待游客数（万人），黔东南州人口（万人）。c 预测变量：（常量）接待游客数（万人），黔东南州人口（万人），黔东南 GDP（亿元）。d 预测变量：（常量）接待游客数（万人），黔东南州人口（万人），黔东南 GDP（亿元），全社会消费品零售总额（亿元）。

表 5-4 模型汇总表明，模型 4 即预测变量包含接待游客数（万人）、黔东南州人口（万人）、黔东南 GDP（亿元）、全社会消费品零售总额时模型的 R^2 最大，但其 D-W 检验提示存在多重共线性。从方差分析表中可以看出，4 个回归模型显著性检验 Sig.值均小于 0.01，如表 5-5 所示。

表 5-5 方差分析

模型		平方和	df	均方	F	Sig.
1	回归	1.633E9	1	1.633E9	15.363	0.004ª
	残差	9.569E8	9	1.063E8		
	总计	2.590E9	10			
2	回归	2.433E9	2	1.216E9	61.683	0.000ᵇ
	残差	1.578E8	8	19718847.472		
	总计	2.590E9	10			
3	回归	2.502E9	3	8.339E8	65.732	0.000ᶜ
	残差	88799752.590	7	12685678.941		
	总计	2.590E9	10			
4	回归	2.545E9	4	6.361E8	83.378	0.000ᵈ
	残差	45777962.716	6	7629660.453		
	总计	2.590E9	10			

注：a 预测变量：（常量）接待游客数（万人）；b 预测变量：（常量），接待游客数（万人），黔东南州人口（万人）；c 预测变量：（常量）接待游客数（万人），黔东南州人口（万人），黔东南 GDP（亿元）；d 预测变量：（常量）接待游客数（万人），黔东南州人口（万人），黔东南 GDP（亿元），全社会消费品零售总额亿元；E. 因变量：销售量箱。

由回归系数表 5-6 可以看出，模型 3 和模型 4 中自变量接待游客数、GDP 和全社会消费品零售总额所对应的容差均较小，且方差膨胀因子（VIF）均较大，表明这两个模型中存在多重共线性，且共线性诊断表中模型 3 和模型 4 所对应自变量存在条件指数大于 30（见表 5-7）。故模型 3 和模型 4 不宜用作预测卷烟销售量模型。

虽然模型 2 所对应的容差和 VIF 值不能排除共线性问题，但其人口回归系数为负数，即常住人口越多其销售量越小，这与事实不符。同时在共线性诊断表中模型 2 中人口（维数 3）所对应的条件指数为 35 也表明存在共线性的问题。故模型 2 也不能作为预测卷烟销售量的模型。因而，只有模型 1 符合条件。

根据上述分析结论，在考察多重共线性问题后，预测卷烟销售量的回归模型为模型 1，即其自变量只包含常数项和"接待游客数"，而这也是合理的，其原因可能在于"固定资产投资"的变化使黔东南基础设施不断完善，使旅游人数增加，从而社会消费品零售总额在上升，产业结构也发生变化，GDP 也得到提高，

表 5-6 系数 ª

模型		非标准化系数		标准系数	t	Sig.	相关性			共线性统计计量	
		B	标准误差	试用版			零阶	偏	部分	容差	VIF
1	(常量)	98257.674	5607.347		17.523	0.000					
	接待游客数 (万人)	7.020	1.791	0.794	3.920	0.004	0.794	0.794	0.794	1.000	1.000
2	(常量)	230664.835	20938.101		11.017	0.000					
	接待游客数 (万人)	2.164	1.085	0.245	1.995	0.081	0.794	0.576	0.174	0.506	1.978
	黔东南州人口 (万人)	−316.742	49.754	−0.781	−6.366	0.000	−0.953	−0.914	−0.555	0.506	1.978
3	(常量)	205047.241	20069.305		10.217	0.000					
	接待游客数 (万人)	−4.161	2.849	−0.471	−1.460	0.188	0.794	−0.483	−0.102	0.047	21.215
	黔东南州人口 (万人)	−265.948	45.466	−0.656	−5.849	0.001	−0.953	−0.911	−0.409	0.390	2.567
	黔东南 GDP (亿元)	49.851	21.382	0.825	2.331	0.053	0.866	0.661	0.163	0.039	25.563
4	(常量)	122693.352	38013.449		3.228	0.018					
	接待游客数 (万人)	−6.732	2.461	−0.762	−2.736	0.034	0.794	−0.745	−0.148	0.038	26.308
	黔东南州人口 (万人)	−103.670	76.899	−0.256	−1.348	0.226	−0.953	−0.482	−0.073	0.082	12.211
	黔东南州 GDP (亿元)	−66.136	51.583	−1.094	−1.282	0.247	0.866	−0.464	−0.070	0.004	247.350
	全社会消费品零售总额 (亿元)	522.522	220.046	2.523	2.375	0.055	0.908	0.696	0.129	0.003	383.336

注: a 因变量: 销售量箱。

表 5-7　共线性诊断 [a]

模型	维数	特征值	条件指数	方差比例				
				(常量)	接待游客数（万人）	黔东南州人口（万人）	黔东南州GDP（亿元）	全社会消费品零售总额（亿元）
1	1	1.832	1.000	0.08	0.08			
	2	0.168	3.305	0.92	0.92			
2	1	2.747	1.000	0.00	0.02	0.00		
	2	0.250	3.313	0.00	0.43	0.00		
	3	0.002	35.006	1.00	0.55	1.00		
3	1	3.658	1.000	0.00	0.00	0.00	0.00	
	2	0.333	3.316	0.00	0.01	0.00	0.01	
	3	0.008	22.016	0.01	0.81	0.03	0.60	
	4	0.002	48.781	0.99	0.18	0.97	0.39	
4	1	4.626	1.000	0.00	0.00	0.00	0.00	0.00
	2	0.361	3.579	0.00	0.01	0.00	0.00	0.00
	3	0.011	20.515	0.00	0.57	0.01	0.01	0.01
	4	0.002	45.528	0.05	0.21	0.06	0.18	0.03
	5	0.000	166.230	0.95	0.21	0.93	0.81	0.96

注：a 因变量：销售量箱。

居民生活水平也随之改善，所有信息均由"接待游客数"来体现。由于人口数量是决定卷烟销售量的基础变量，过去计划生育政策和其他原因人口总量虽然逐年减少，但旅游人数的增加，使卷烟销售量仍在不断增加。在模型 1 中：

卷烟销售量（箱）= 98257.674 + 7.020 × 接待游客数（万人次）

预测结果说明：在不考虑其他因素的前提下，常数项表明消费卷烟量基数为 98257.674 箱，而接待游客数每增加 1 万人次，其销售量则增加 7.02 箱。2016 年黔东南州共接待游客数 6704 万人次，带来的卷烟销售量为 47062 箱。

2. 各价位段销售量影响因素分析

由于数据可获得性有限，我们仅从 2011~2016 年共 7 年的数据来考察各价位段销售量影响因素。根据表 5-8 各价位段销售量相关性分析可以看出，600~800元、300~600 元、30~60 元及 30 元以下价位段卷烟销售量与各经济指标的相关性均不显著，800 元以上价位段卷烟销售量与城镇居民可支配收入相关性最大，

表5-8 各价位段销售量相关性分析

		人口数	GDP	第一产业	第二产业	第三产业	接待游客数	固定资产投资总额	城镇居民可支配收入	农村居民可支配收入	全社会消费品零售总额
800元以上	Pearson 相关性	0.960**	0.982**	0.971**	0.978**	0.982**	0.931**	0.981**	0.997**	0.981**	0.982**
	Sig. (双侧)	0.002	0.000	0.001	0.001	0.001	0.007	0.001	0.000	0.001	0.000
600~800元	Pearson 相关性	-0.278	-0.101	-0.161	-0.047	-0.106	-0.401	-0.028	-0.083	-0.067	-0.140
	Sig. (双侧)	0.594	0.849	0.760	0.930	0.842	0.430	0.958	0.876	0.900	0.791
300~600元	Pearson 相关性	0.521	0.571	0.448	0.634	0.582	0.360	0.640	0.595	0.590	0.520
	Sig. (双侧)	0.289	0.236	0.373	0.176	0.225	0.484	0.171	0.213	0.217	0.290
150~300元	Pearson 相关性	0.649	0.862*	0.793	0.895*	0.865*	0.677	0.894*	0.817*	0.878*	0.830*
	Sig. (双侧)	0.163	0.027	0.060	0.016	0.026	0.139	0.016	0.047	0.021	0.041
90~150元	Pearson 相关性	0.834*	0.955**	0.972**	0.945**	0.947**	0.866*	0.951**	0.946**	0.959**	0.961**
	Sig. (双侧)	0.039	0.003	0.001	0.004	0.004	0.026	0.004	0.004	0.002	0.002
60~90元	Pearson 相关性	0.948**	0.955**	0.984**	0.929**	0.950**	0.960**	0.933**	0.968**	0.948**	0.972**
	Sig. (双侧)	0.004	0.003	0.000	0.007	0.004	0.002	0.007	0.002	0.004	0.001
30~60元	Pearson 相关性	-0.429	-0.669	-0.712	-0.632	-0.666	-0.684	-0.617	-0.568	-0.665	-0.682
	Sig. (双侧)	0.397	0.146	0.113	0.179	0.149	0.134	0.192	0.240	0.149	0.136
30元以下	Pearson 相关性	-0.653	-0.625	-0.570	-0.669	-0.621	-0.426	-0.692	-0.705	-0.642	-0.604
	Sig. (双侧)	0.159	0.184	0.237	0.146	0.188	0.400	0.128	0.118	0.169	0.204

注：* 表示0.1水平显著；** 表示0.01水平显著。

150~300 元价段位卷烟销售量与第二产业相关性最大，90~150 元及 60~90 元价位段卷烟销售量与第一产业相关性最高。从 30~60 元及 30 元以下价位段卷烟销售量相关系数均为负数，表明经济水平的提高，使两个价位段的销售量会减少。

针对上述与经济指标有相关性的价位段卷烟销量，采用自动线性建模的标准模型得到价位段卷烟销量预测的重要性指标，并依据重要性指标建立回归模型，分析量化经济指标对相应价位段卷烟销量的影响程度。

（1）800 元以上卷烟销量分析。将 800 元以上卷烟销量作为因变量，所有经济指标作为自变量，采用自动线性建模的标准模型，得到"城镇居民可支配收入"预测变量的重要性为 1，其他经济指标未进入预测变量，一元线性回归模型 R^2 为 0.986，表明拟合效果非常好，相关参数如表所示，其预测模型为：

800 元以上卷烟销量（箱）= −857.725 + 0.068 × 城镇居民可支配收入（元）

该预测模型表明：城镇居民可支配收入每增加 1 元，800 元以上卷烟销量增加 0.068 箱，如表 5-9 所示。

表 5-9　800 元以上卷烟销售量相关系数

模型		非标准化系数		标准系数	t	Sig.
		B	标准误差	试用版		
1	（常量）	−857.725	84.006		−10.210	0.001
	城镇居民可支配收入（元）	0.068	0.004	0.993	17.021	0.000

（2）150~300 元卷烟销量分析。将 150~300 元卷烟销量作为因变量，所有经济指标作为自变量，采用自动线性建模的标准模型，得到"第二产业生产总值"预测变量的重要性为 1，其他经济指标未进入预测变量，一元线性回归模型 R^2 为 0.722，表明拟合效果较好，显著性检验 Sig. = 0.032 < 0.05。相关参数如表 5-10 所示，其预测模型为：

表 5-10　150~300 元以上卷烟销售量相关系数 [a]

模型		非标准化系数		标准系数	t	Sig.
		B	标准误差	试用版		
1	（常量）	−4614.976	5984.457		−0.771	0.484
	第二产业生产总值（亿元）	96.557	29.989	0.849	3.220	0.032

注：a 因变量：150~300 元。

150~300 元卷烟销售量（箱）= –4614.976 + 96.557 × 第二产业生产总值（亿元）

该预测模型表明：第二产业生产总值每增加 1 亿元，150~300 元卷烟销售量增加 96.557 箱，如表 5-10 所示。

（3）90~150 元卷烟销量分析。将 90~150 元卷烟销售量作为因变量，所有经济指标作为自变量，采用自动线性建模的标准模型，得到第一产业生产总值预测变量的重要性为 0.79，接待游客数预测变量的重要性为 0.21，其他经济指标未进入预测变量，但由于第一产业生产总值与接待游客数的存在极强的相关性，其相关系数为 0.981，若两因素均进入回归模型，接待游客数共线性诊断的条件指数为 27.877，因此模型中必须排除变量接待游客数。

一元线性回归模型 R^2 为 0.915，表明拟合效果较好，显著性检验 Sig. = 0.003 < 0.01。相关参数如表 5-11 所示，其预测模型为：

90~50 元卷烟销售量（箱）= 94.690 + 281.911 × 第一产业生产总值（亿元）

该预测模型表明：第一产业生产总值每增加 1 亿元，90~150 元卷烟销售量增加 281.911 箱。

表 5-11　90~150 元卷烟销售量相关系数 [a]

模型		非标准化系数		标准系数	t	Sig.	共线性统计量	
		B	标准误差	试用版			容差	VIF
1	（常量）	94.690	5671.292		0.017	0.987		
	生产总值（亿元）	281.911	42.960	0.957	6.562	0.003	1.000	1.000

注：a 因变量：90~150 元。

采用自动线性建模的标准模型分析 60~90 元价位段卷烟销售量，其结果表明预测变量重要性不可用，因为最终模型只包括截距，该结果与 60~90 元价位段卷烟销售量近年来较稳定有关。

（三）经济对价格影响因素分析

1. 平均价格影响因素分析

为考察经济指标对卷烟销售平均价格的影响，采用相关分析研究平均价格与相关经济指标的密切程度。结果如表 5-12 所示。

表 5-12 平均销售价格与各因素相关性分析

	平均销售价格	
	Pearson 相关性	Sig.（双侧）
黔东南州人口（万人）	−0.853**	0.001
黔东南州 GDP（亿元）	0.974**	0
第一产业生产总值（亿元）	0.941**	0
第二产业生产总值（亿元）	0.989**	0
第三产业生产总值（亿元）	0.971**	0
接待游客数（万人）	0.910**	0
固定资产投资总额（亿元）	0.976**	0
城镇居民可支配收入（亿元）	0.979**	0
农村居民可支配收入（亿元）	0.989**	0
全社会消费品零售总额（亿元）	0.982**	0

注：** 表示 0.01 水平显著。

从表 5-12 可以看出，平均价格与相关各经济指标的相关系数均很大，且在 Sig.=0.01 水平时均显著。由于 2006~2016 年黔东南州年末常住人口在逐渐减少，而平均价格总体保持上升趋势，因此销售量与人口出现较强的负相关性，其相关系数为−0.853。与平均价格呈正相关的经济指标中，第二产业生产总值、农村居民可支配收入与销售量的相关系数最高，其相关系数均为 0.989；接待游客数与销售量的相关系数最低，其相关系数为 0.910。

由上述卷烟销售量相关性可以看出，除人口外的各经济指标与卷烟销售平均价格均呈正相关，即这些经济指标的增加会对卷烟销售量增加产生正向影响。正如之前所分析，这些经济指标本身之间就存在相关性，它们之间也相互影响，其相关系数均在 0.9 以上。

为进一步探究平均价格的影响因素及量化这些因素对平均价格的影响程度，采用 SPSS 自动线性建模的标准模型，采用向前逐步回归的方式，考察这些经济变量对卷烟平均价格预测的重要性程度，结果如图 5-2 所示。接待游客数的重要性程度为 0.59，第二产业生产总值的重要性程度为 0.31，全社会零售品消费总额的重要性程度为 0.01，其他的经济指标未进入预测模型。

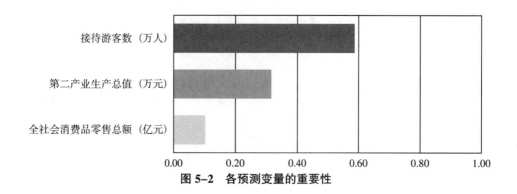

图 5-2　各预测变量的重要性

　　从预测卷烟销售量的最重要性三个指标来看，这三个指标之间存在极强的线性相关，考虑到多重共线性，根据指标的重要性程度，采用逐步进入的方式考察指标与销售量的线性回归模型。结果如表 5-13~表 5-16 所示。

　　模型汇总表表明，模型 3 即预测变量包含接待游客数、第二产业生产总值、全社会消费品零售总额时模型的 R^2 最大，但其 D-W 检验提示存在多重共线性。从方差分析表中可以看出，4 个回归模型显著性检验 Sig.值均小于 0.01。

表 5-13　模型汇总

模型	R	R^2	调整 R^2	标准估计的误差	Durbin-Watson
1	0.910[a]	0.828	0.809	12.41333	
2	0.998[b]	0.997	0.996	1.83208	
3	0.999[c]	0.998	0.998	1.38483	3.123

　　注：a 预测变量：（常量）接待游客数（万人）。b 预测变量：（常量）接待游客数（万人），第二产业生产总值。c 预测变量：（常量）接待游客数（万人），第二产业生产总值，全社会消费品零售总额（亿元）。d. 因变量：平均销售价格元每条。

表 5-14　ANOVA

模型		平方和	df	均方	F	Sig.
1	回归	6680.426	1	6680.426	43.354	0.000[a]
	残差	1386.817	9	154.091		
	总计	8067.243	10			
2	回归	8040.391	2	4020.196	1197.732	0.000[b]
	残差	26.852	8	3.357		
	总计	8067.243	10			

续表

模型		平方和	df	均方	F	Sig.
3	回归	8053.819	3	2684.606	1399.872	0.000c
	残差	13.424	7	1.918		
	总计	8067.243	10			

注：a 预测变量：（常量），接待游客数万人。b 预测变量：（常量），接待游客数万人，第二产业生产总值。c 预测变量：（常量），接待游客数万人，第二产业生产总值，全社会消费品零售总额亿元。d 因变量：平均销售价格元每条。

由回归系数表 5-15 可以看出，模型 3 中自变量"第二产业生产总值"和"全社会消费品零售总额"所对应的容差均较小，且方差膨胀因子（VIF）均较大，表明这两个模型中存在多重共线性，且共线性诊断表中模型 3 所对应自变量"全社会消费品零售总额"存在条件指数大于 30。故模型 3 不宜用作预测卷烟销售量模型。

表 5-15 相关系数 a

模型		非标准化系数		标准系数	t	Sig.	共线性统计量	
		B	标准误差	试用版			容差	VIF
1	（常量）	34.299	6.750		5.081	0.001		
	接待游客数（万人）	0.014	0.002	0.910	6.584	0.000	1.000	1.000
2	（常量）	15.103	1.379		10.951	0.000		
	接待游客数（万人）	−0.007	0.001	−0.464	−6.508	0.000	0.082	12.191
	第二产业生产总值（万元）	0.543	0.027	1.434	20.129	0.000	0.082	12.191
3	（常量）	12.016	1.564		7.681	0.000		
	接待游客数（万人）	−0.009	0.001	−0.550	−8.737	0.000	0.060	16.647
	第二产业生产总值（万元）	0.386	0.063	1.018	6.127	0.000	0.009	116.083
	全社会消费品零售总额（亿元）	0.183	0.069	0.501	2.646	0.033	0.007	150.579

注：a 因变量：平均销售价格元每条。

虽然模型 2 所对应的容差和 VIF 值不能完全排除共线性问题，但其在共线性诊断表中模型 2 中第二产业生产总值（维数 3）所对应的条件指数为 16.566 也表明存在共线性的问题（见表 5-16）。故模型 2 也不能作为预测卷烟平均价格的模型，只有模型 1 符合条件。

表 5-16　共线性诊断 ^a

模型	维数	特征值	条件索引	方差比例			
				（常量）	接待游客数（万人）	第二产业生产总值（万元）	全社会消费品零售总额（亿元）
1	1	1.832	1.000	0.08	0.08		
	2	0.168	3.305	0.92	0.92		
2	1	2.804	1.000	0.02	0.00	0.00	
	2	0.186	3.884	0.57	0.04	0.01	
	3	0.010	16.566	0.41	0.96	0.99	
3	1	3.796	1.000	0.00	0.00	0.00	0.00
	2	0.191	4.461	0.27	0.02	0.00	0.00
	3	0.012	17.661	0.25	0.80	0.05	0.01
	4	0.001	71.301	0.47	0.18	0.95	0.99

注：a 因变量：平均销售价格元每条。

根据上述分析结论，在考察多重共线性问题后，预测卷烟平均价格的回归模型为模型 1，即其自变量只包含常数项和"接待游客数"。在模型 1 中：

卷烟平均价格（条/元）=34.299+0.014×接待游客数（万人次）

预测结果说明：在不考虑其他因素的前提下，接待游客数每增加 1 万人次，其平均价格则增加 0.014 元/条。

2. 各价位段平均价格影响因素分析

由于数据可获得性有限，仅从 2011~2016 年的共 7 年的数据来考察各价位段平均价格的影响因素。根据各价位段平均价格相关性分析可以看出，所有价位段卷烟平均价格与经济指标均正相关。150~300 元价位段卷烟销售平均价格与各经济指标的相关性均不显著，800 元以上价位段、600~800 元价位段、90~150 元、30 元以下价位段卷烟平均价格与"接待游客数"相关性最大，300~600 元价位段卷烟销售量与"第一产业"相关性最高，60~90 元价位段卷烟销售量与"城镇居民可支配收入"相关性最高，30~60 元价位段卷烟平均价格只与"第一产业"相关性，如表 5-17 所示。

表 5-17 各价位段平均价格影响因素相关性分析

价位段		人口数	GDP	第一产业	第二产业	第三产业	接待游客数	固定资产投资总额	城镇居民可支配收入	农村居民可支配收入	全社会消费品零售总额
800 元以上	Pearson 相关性	0.860*	0.732	0.781	0.687	0.731	0.896*	0.681	0.749	0.708	0.765
	Sig. (双侧)	0.028	0.098	0.066	0.132	0.099	0.016	0.136	0.086	0.115	0.076
600~800 元	Pearson 相关性	0.889*	0.884*	0.938**	0.843*	0.878*	0.960**	0.841*	0.880*	0.870*	0.913*
	Sig. (双侧)	0.018	0.019	0.006	0.035	0.021	0.002	0.036	0.021	0.024	0.011
300~600 元	Pearson 相关性	0.920**	0.968**	0.993**	0.948**	0.961**	0.933**	0.954**	0.975**	0.965**	0.981**
	Sig. (双侧)	0.009	0.002	0.000	0.004	0.002	0.006	0.003	0.001	0.002	0.001
150~300 元	Pearson 相关性	0.778	0.582	0.664	0.524	0.576	0.767	0.526	0.635	0.556	0.629
	Sig. (双侧)	0.068	0.226	0.150	0.286	0.232	0.075	0.283	0.175	0.252	0.181
90~150 元	Pearson 相关性	0.870*	0.860*	0.914*	0.816*	0.855*	0.961**	0.812*	0.848*	0.843*	0.889*
	Sig. (双侧)	0.024	0.028	0.011	0.048	0.030	0.002	0.050	0.033	0.035	0.018
60~90 元	Pearson 相关性	0.895*	0.921**	0.892*	0.937**	0.918**	0.789	0.949**	0.960**	0.929**	0.912*
	Sig. (双侧)	0.016	0.009	0.017	0.006	0.010	0.062	0.004	0.002	0.007	0.011
30~60 元	Pearson 相关性	0.618	0.743	0.707	0.690	0.733	0.790	0.686	0.698	0.734	0.775
	Sig. (双侧)	0.191	0.091	0.116	0.129	0.098	0.061	0.132	0.123	0.097	0.070
30 元以下	Pearson 相关性	0.818*	0.679	0.707	0.641	0.684	0.863*	0.631	0.685	0.654	0.705
	Sig. (双侧)	0.047	0.138	0.116	0.170	0.134	0.027	0.179	0.133	0.159	0.118

注：* 表示 0.1 水平显著；** 表示 0.01 水平显著。

针对上述与经济指标有相关性的价段平均价格,采用自动线性建模的标准模型得到价位段平均价格预测的重要性指标,并依据重要性指标建立回归模型,分析量化经济指标对相应价位段平均价格的影响程度。

(1)800元以上平均价格分析。将800元以上平均价格作为因变量,所有经济指标作为自变量,采用自动线性建模的标准模型,得到"接待游客数"预测变量的重要性为1,其他经济指标未进入预测变量,一元线性回归模型R^2为0.807,表明拟合效果较好,且Sig.=0.015<0.05,相关参数如表5–18所示,其预测模型为:

800元以上平均价格(元/条)=653.599+0.013×接待游客数(万人)

该预测模型表明:接待游客数每增加1万人,800元以上平均价格增加0.013元/条。

表5–18 800元以上平均价格与接待游客数相关系数 [a]

模型		非标准化系数		标准化系数	t	Sig.
		B	标准误差	试用版		
1	(常量)	653.599	12.634		51.734	0.000
	接待游客数(万人)	0.013	0.003	0.898	4.090	0.015

注:a因变量:800以上。

(2)600~800元平均价格分析。将600~800元价段卷烟平均价格作为因变量,所有经济指标作为自变量,采用自动线性建模的标准模型,得到"接待游客数"预测变量的重要性为1,其他经济指标未进入预测变量,一元线性回归模型R^2为0.924,表明拟合效果很好,且Sig.=0.002<0.01,相关参数如表5–19所示,其预测模型为:

表5–19 600~800元平均价格与接待游客数相关系数 [a]

模型		非标准化系数		标准化系数	t	Sig.
		B	标准误差	试用版		
1	(常量)	519.534	5.385		96.472	0.000
	接待游客数	0.009	0.001	0.961	6.979	0.002

注:a因变量:600~800元。

600~800 元价位段平均价格（元/条）＝519.534＋0.009×接待游客数（万人）

该预测模型表明：接待游客数每增加 1 万人，600~800 元价位段卷烟平均价格增加 0.009 元/条。

（3）300~600 元平均价格分析。将 300~600 元价位段卷烟平均价格作为因变量，所有经济指标作为自变量，采用自动线性建模的标准模型，得到"接待游客数"预测变量的重要性为 1，其他经济指标未进入预测变量，一元线性回归模型 R^2 为 0.983，表明拟合效果很好，且 Sig.＝0.000＜0.01，相关参数如表 5-20 所示，其预测模型为：

300~600 元价位段平均价格（元/条）＝302.567＋0.518×第一产业生产总值（亿元）

该预测模型表明：第一产业生产总值每增加 1 亿元，300~600 元价段卷烟平均价格增加 0.518 元/条。

表 5-20　300~600 元平均价格与接待游客数相关系数 [a]

模型		非标准化系数		标准化系数	t	Sig.
		B	标准误差	试用版		
1	（常量）	302.567	4.509		67.102	0.000
	第一产业生产总值（亿元）	0.518	0.034	0.991	15.161	0.000

注：a 因变量：300~600 元。

（4）90~150 元平均价格分析。将 90~150 元价位段卷烟平均价格作为因变量，所有经济指标作为自变量，采用自动线性建模的标准模型，得到"接待游客数"预测变量的重要性为 1，其他经济指标未进入预测变量，一元线性回归模型 R^2 为 0.907，表明拟合效果很好，且 Sig.＝0.003＜0.01，相关参数如表 5-21 所示，其预测模型为：

90~150 元价位段平均价格（元/条）＝93.325＋0.002×接待游客数（万人）

该预测模型表明：接待游客数每增加 1 万人，90~150 元价位段卷烟平均价格增加 0.002 元/条。

表 5-21　90~150 元平均价格与接待游客数相关系数 ª

模型		非标准化系数		标准化系数	t	Sig.
		B	标准误差	试用版		
1	（常量）	93.325	1.090		85.582	0.000
	接待游客数（万人）	0.002	0.000	0.952	6.251	0.003

注：a 因变量：90~150 元。

（5）60~90 元平均价格分析。将 60~90 元价位段卷烟平均价格作为因变量，所有经济指标作为自变量，采用自动线性建模的标准模型，得到"城镇居民可支配收入"预测变量的重要性为 1，其他经济指标未进入预测变量，一元线性回归模型 R^2 为 0.931，表明拟合效果很好，且 Sig. = 0.002 < 0.01，相关参数如表 5-22 所示，其预测模型为：

60~90 元价位段平均价格（元/条）= 24.548 + 0.001 × 城镇居民可支配收入（元）

该预测模型表明：城镇居民可支配收入每增加 1 元，60~90 元价段卷烟平均价格增加 0.001 元/条。

表 5-22　60~90 元平均价格与接待游客数相关系数 ª

模型		非标准化系数		标准化系数	t	Sig.
		B	标准误差	试用版		
1	（常量）	24.548	4.039		6.078	0.004
	城镇居民可支配收入（元）	0.001	0.000	0.965	7.359	0.002

注：a 因变量：60~90 元。

（6）30~60 元平均价格分析。将 30~60 元价位段卷烟平均价格作为因变量，所有经济指标作为自变量，采用自动线性建模的标准模型，得到"第一产业生产总值"预测变量的重要性为 1，其他经济指标未进入预测变量，一元线性回归模型 R^2 为 0.796，表明拟合效果较好，且 Sig. = 0.017 < 0.05，相关参数如表 5-23 所示，其预测模型为：

30~60 元价位段平均价格（元/条）= 41.599 + 0.098 × 第一产业生产总值（亿元）

该预测模型表明：第一产业生产总值每增加 1 亿元，30~60 元价位段卷烟平均价格增加 0.098 元/条。

采用自动线性建模的标准模型分析 30 元以下价位段卷烟平均价格，其结果表明预测变量重要性不可用，因为最终模型只包括截距。

表 5-23 30~60 平均价格与接待游客数相关系数 [a]

模型		非标准化系数		标准化系数	t	Sig.
		B	标准误差	试用版		
1	（常量）	41.599	3.282		12.674	0.000
	生产总值（亿元）	0.098	0.025	0.892	3.950	0.017

a. 因变量：价 30~60 元。

二、黔东南州卷烟市场预测分析

卷烟价值性和危害性并存的"双重属性"，决定了烟草行业必须施行国家烟草专卖制度。但是经济与社会的发展，尤其是加入世界贸易组织后呈几何倍数增长的压力，使烟草行业的市场化要求不断提高，计划与市场的天秤不断向市场倾斜。为了更加真实把握市场需求，生产更加适销对路的产品，进行更加科学的货源投放，促进烟草行业的更大、更强，国家局战略性地提出了开展市场需求预测工作。需求预测已成为真实把握市场，灵敏反应市场的重要工具，在工业企业生产、商业企业满足市场的过程中发挥着越来越重要作用。

卷烟商品市场需求预测（本书简称需求预测）是指在一定时期、一定市场范围内，预测卷烟商品的市场需求情况。卷烟商品市场需求预测是烟草企业营销活动的重要一环，也是卷烟商品市场预测的中心目标。

（一）时间序列三次指数平滑销量预测

指数平滑法是在移动平均法基础上发展起来的一种时间序列分析预测法，它是通过计算指数平滑值，配合一定的时间序列预测模型对现象的未来进行预测。其原理是任一期的指数平滑值都是本期实际观察值与前一期指数平滑值的加权平均。当数据的基本模型具有二次、三次或高次幂时，则需要用高次平滑形式。从线性平滑过渡到二次多项式平滑，基本途径是再进行一次平滑（即三次平滑），并对二次多项式的参数作出估计，主要模型如下：

$$S'_t = \alpha x_t + (1 - \alpha)S'_{t-1}$$

$$S''_t = \alpha S'_t + (1 - \alpha)S''_{t-1}$$

$$S'''_t = \alpha S''_t + (1 - \alpha)S'''_{t-1}$$

式中，x_t 对应的是时间序列实际值，S''' 表示三次指数平滑值，α 表示加权系数。三次指数平滑预测模型为：

$$F_{t+m} = a_t + b_t m + c_t m^2$$

其中，$a_t = 3S' - 3S''_t + S'''_t$，$b_t = \dfrac{\alpha_t}{2(1-\alpha)^2}\left[(6-5\alpha)S'_t - (10-8\alpha)S''_t + (4-3\alpha)S'''_t\right]$

$c_t = \dfrac{\alpha_t}{(1-\alpha)^2}(S'_t - S''_t + S'''_t)$。

根据 2006~2016 年黔东南州卷烟销售量，如图 5-3 所示，其呈二次曲线上升，可用三次指数平滑模型进行预测。

图 5-3　2006~2016 年黔东南州卷烟销售量（箱）

由于加权系数 α 的大小规定了在新预测值中新数据和原预测值所占的比重，α 值越大，新数据所占的比重就越大，原预测值所占的比重就越小；反之则相反。同时，由表 5-24 也可以看出，近几年卷烟销售量波动不大，因此，α 取值应相对较小，取 α 分别取值 0.1、0.2、0.3、0.4、0.5 分别预测，然后比较预测误差的标准差，最后确定 α 值对未来卷烟销售量预测。依据上述模型得到 α 取不同值时的预测值及对应的预测误差标准差，如表 5-24 所示。

表 5-24 黔东南州未来卷烟销售量预测（箱）

年份	实际值	α				
		0.1	0.2	0.3	0.4	0.5
2006	90130					
2007	93632	93964	93964	93964	93964	93964
2008	98130	93865	93765	93665	93566	93466
2009	109656	95134	96344	97594	98884	100213
2010	119211	99608	104812	109556	113820	117584
2011	122061	106046	115563	122721	127741	130855
2012	124545	112015	123439	129646	131924	131436
2013	127222	117456	129114	133094	132648	130202
2014	132555	122498	133429	135151	133115	130492
2015	133803	127987	138442	139113	137286	136075
2016	131084	132582	141391	140316	137803	136295
预测误差标准差		11223	11223	7611	6632	5829

由表 5-24 可以看出，当 α=0.5 时预测误差标准差最小。因此，根据预测模型得到：

$$F_{10+m} = 131735.4 - 940.27 \times m - 542.801 \times m^2$$

从而得到：

$$F_{2017} = F_{10+1} = 131735.4 - 940.27 \times 1 - 542.801 \times 1^2 = 130252 （箱）$$

$$F_{2018} = F_{10+2} = 131735.4 - 940.27 \times 2 - 542.801 \times 2^2 = 127684 （箱）$$

因此，根据上述三次指数平滑预测模型，得到黔东南 2017 年卷烟销售量为 130252 箱，2018 年卷烟销售量为 127684 箱。

（二）增长型曲线外推模型销量预测

趋势外推预测方法是根据事物的历史和现实数据，寻求事物随时间推移而发展变化的规律，从而推测其未来状况的一种常用的预测方法。增长型曲线是描绘技术或经济领域中的某些指标依时间变化而呈现出增长（下降）规律性的一种曲线。在取得技术、经济指标的样本序列后，通过建模，进行外推预测，是一种常用的预测方法。由于不同的增长曲线有不同的增长特征，分析这些特征是进行模型识别的首要问题。

通过运用多种曲线拟合模型对 2006~2016 年黔东南州卷烟销售量进行拟合，并对比不同模型的拟合效果，立方（三次项）拟合的 R^2 最大，且 Sig. = 0.000 < 0.01，如表 5–25 所示。故黔东南州卷烟年度销售预测最佳模型三次抛物线增长型曲线为：

$$y = 82422.044 + 5639.791 \times t - 421.738 \times t^2 - 48.264 \times t^3$$

表 5–25　黔东南州卷烟销售量不同模型拟合数据

方程	模型汇总					参数估计值			
	R^2	F	df1	df2	Sig.	常数	b1	b2	b3
线性	0.910	90.926	1	9	0.000	88773.998	4629.029		
对数	0.936	131.002	1	9	0.000	83302.483	20894.535		
二次项	0.976	163.503	2	8	0.000	77151.610	9993.208	−447.015	
三次项	0.982	124.998	3	7	0.000	82422.044	5639.791	421.738	−48.264
复合	0.892	74.005	1	9	0.000	90124.642	1.042		
幂	0.943	148.879	1	9	0.000	85469.882	0.189		
指数	0.892	74.005	1	9	0.000	90124.642	0.041		

将 t = 12 和 t = 13 依次代入上式，三次抛物线增长型曲线预测得到 2017 年销量预测值为 127429 箱，在 95% 的置信度下置信区间为 ［114906 箱，139953 箱］；2018 年销量预测值为 120977 箱，在 95% 的置信度下置信区间为 ［100526 箱，141428 箱］。实际值与预测值如图 5–4 所示。

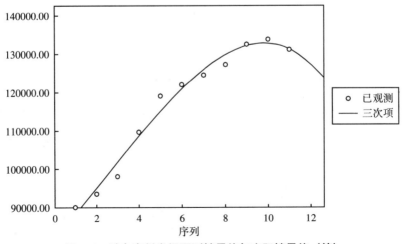

图 5–4　黔东南州卷烟预测销量值与实际销量值（箱）

（三）季节分解销量预测

时间序列一般包括四类因素，长期趋势因素、季节变动因素、循环变动因素和不规则变动因素。T 为长期趋势，反映了经济现象在一个较长时间内的发展方向，它可以在一个相当长的时间内表现为一种近似直线的持续向上或持续向下或平稳的趋势。S 为季节变动，是经济现象受季节变动影响所形成的一种长度和幅度固定的周期波动；C 为循环变动，也称为周期变动，它是受各种经济因素影响形成的上下起伏不定的波动；I 为不规则变动，它是受各种偶然因素影响所形成的不规则变动，总是存在着的。

1. 以月为周期的季节性分解

根据表 5-26 中黔东南州月度销售数据，利用 SPSS 构造序列图，得到 2006年 1 月~2017 年 4 月实际销售量图，观察其中的波动与趋势，如图 5-5 所示。

表 5-26 黔东南州卷烟月度销售数据

月度＼年份	2006	2007	2008	2009	2010	2011	2012	2013	2014	2015	2016	2017
1	11020	9205	10984	18418	20270	21769	27348	25183	32136	27296	25494	21638
2	6589	9609	8843	8559	10955	9065	8182	14255	10294	17249	13757	11244
3	7781	7636	7656	8132	10131	10617	9264	9003	9334	9698	10716	10514
4	6723	7344	7779	7697	8348	8630	8731	8404	8240	8562	8372	10061
5	6666	7196	7690	7701	7616	9278	9724	9220	9058	7889	8238	
6	6298	6651	7538	8207	8462	9318	9413	8682	8521	9329	8896	
7	6964	7034	8435	8360	8687	9221	9468	9843	11077	9228	9974	
8	7407	7736	8036	8573	9154	9541	10071	10522	10556	10592	9649	
9	7438	7302	8947	12412	12645	11624	11392	11484	10966	12420	9633	
10	7432	7868	7490	6552	6924	7707	7629	7003	7458	7080	10274	
11	7902	8048	7944	8239	10209	9628	8172	8513	7787	7485	11144	
12	7911	8001	6789	6806	5809	5662	5153	5110	7128	6976	4936	

由图 5-5 可以看出，黔东南州卷烟销量具有明显的长期趋势和季节变动，可以利用季节分解模型中的乘法模型 $Y = T \cdot S \cdot C \cdot I$ 进行分析，将销售量的总体变动分解为四个因素，然后剔除季节因素的影响，测定其变动规律，再综合反映它们

的变动对时间序列变动的影响。

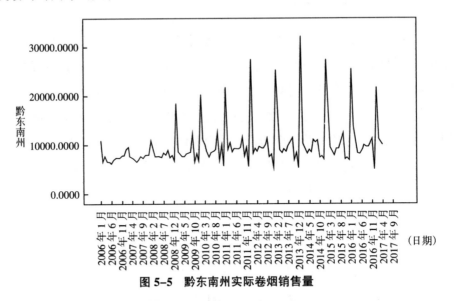

图 5-5　黔东南州实际卷烟销售量

通过 SPSS19 中季节分解方法，按照上述思路分析，结果如表 5-27 所示。

表 5-27　季节性分解结果

	ERR	SAS	SAF	STC
1 月	0.84125	5062.632	2.17672	6018.002
2 月	0.9229	5961.388	1.10531	6459.402
3 月	1.13783	8354.185	0.93135	7342.201
4 月	1.04257	8106.653	0.82928	7775.635
5 月	1.00073	7818.536	0.85259	7812.814
6 月	0.96169	7353.929	0.85646	7646.912
7 月	1.00393	7584.37	0.91815	7554.699
8 月	1.01298	7847.951	0.94382	7747.39
9 月	0.87101	7016.88	1.06006	8056.051
10 月	1.07707	9626.231	0.77203	8937.426
11 月	0.99209	8921.085	0.88573	8992.238
12 月	1.32931	11834.26	0.6685	8902.569

表 5-27 中，ERR 表示原始序列进行季节性分解后的不规则或者随机波动序列；SAS 表示原始序列进行季节性分解除去季节因素后的序列；SAF 表示原始序

列进行季节性分解后产生的季节性因素；STC 表示原始序列进行季节性分解出来的序列趋势和循环变动成分。

（1）长期趋势 T 与循环变动 C。为了根据季节性分解后的 STC 序列中存在的长期趋势与周期变动预测 2017 年 4 月以后的数据，运用 SPSS 中的 ARIMA 模型进行分析，结果如表 5-28 所示。

表 5-28 模型统计量

模型拟合统计量	Ljung-BoxQ（18）		
R^2	统计量	DF	Sig.
0.866	93.385	13	0.000

其中，拟合统计量 R^2 为 0.866，表明有较好的拟合效果，可以接受；显著性检验统计量 P 值为 0.00，小于 0.05，表明该模型具有很强的显著性，可以用 ARIMA 模型进行预测。结果如表 5-29 所示。

表 5-29 STC 预测结果

	2017 年	2018 年
1 月	—	10477.8652
2 月	—	11271.9494
3 月	—	11945.2585
4 月	—	12242.8950
5 月	10542.9509	10626.4285
6 月	10597.1486	10626.5528
7 月	10586.0310	10604.8064
8 月	10774.0087	10909.8973
9 月	11145.7923	11423.3450
10 月	11500.8749	11831.9620
11 月	11026.4916	11355.5529
12 月	10406.2285	10360.5188

根据预测结果表格与预测图（见图 5-6）可以看到，STC 序列运用 ARIMA 模型预测结果基本保持了 STC 时间序列原有的长期趋势和循环变动成分，预测结果均在上下置信区间 UCL、LCL 内，可以接受。

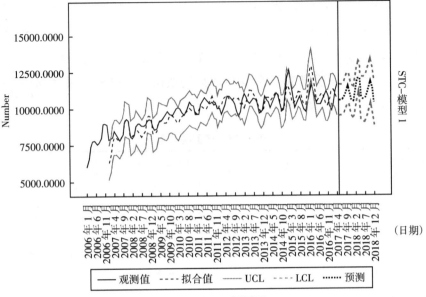

图 5-6　STC 预测图

（2）季节性因素。根据季节性分解结果中的 SAF 序列，能够看到季节因素是按月份周期波动的，表明了原始时间序列的季节性，可以得到一年每个月的季节因素，如表 5-30 所示。

表 5-30　季节性因素

期间	季节因素
1	2.17672
2	1.10531
3	0.93135
4	0.82928
5	0.85259
6	0.85646
7	0.91815
8	0.94382
9	1.06006
10	0.77203
11	0.88573
12	0.6685

由于随机性无法直接进行预测，进行预测的关系式为 Y＝T·S·C，计算结果如表 5-31 所示。

表 5-31 2017 年 5 月至 2018 年 12 月预测结果

	T × C	季节因素	预测结果
2017 年 5 月	10542.95	0.85259	8988.81455
2017 年 6 月	10597.15	0.85646	9076.0339
2017 年 7 月	10586.03	0.91815	9719.56438
2017 年 8 月	10774.01	0.94382	10168.7249
2017 年 9 月	11145.79	1.06006	11815.2086
2017 年 10 月	11500.87	0.77203	8879.02048
2017 年 11 月	11026.49	0.88573	9766.49439
2017 年 12 月	10406.23	0.6685	6956.56376
2018 年 1 月	10477.87	2.17672	22807.3788
2018 年 2 月	11271.95	1.10531	12458.9984
2018 年 3 月	11945.26	0.93135	11125.2165
2018 年 4 月	12242.9	0.82928	10152.788
2018 年 5 月	10626.43	0.85259	9059.98665
2018 年 6 月	10626.55	0.85646	9101.21744
2018 年 7 月	10604.81	0.91815	9736.80296
2018 年 8 月	10909.9	0.94382	10296.9793
2018 年 9 月	11423.35	1.06006	12109.4311
2018 年 10 月	11831.96	0.77203	9134.62962
2018 年 11 月	11355.55	0.88573	10057.9539
2018 年 12 月	10360.52	0.6685	6926.00679

根据上述以月份为周期的季节性分解预测结果，得到黔东南州 2017 年卷烟销售量为 128828 箱，2018 年卷烟销售量为 132967 箱。

2. 以季度为周期的季节性分解

由表 5-32 及序列图 5-7 可以看出，黔东南州季度卷烟销售量仍具有明显的长期趋势和季节变动，利用季节因素分解法，选择乘法模型 Y＝T·S·C·I。根据与前面相同的原理与方法，得到 STC 序列的预测图形（见图 5-8）并通过计算，得到预测结果如下：

表 5-32 黔东南州季度卷烟实际销售量（箱）

	2006 年	2007 年	2008 年	2009 年	2010 年	2011 年
一季度	25389.79	26450.52	27482.26	35108.51	41357.11	41451.43
二季度	19687	21191.76	23006.97	23604.56	24425.94	27226.09
三季度	21808.98	22072.08	25417.82	29344.94	30486.05	30386.16
四季度	23244.59	23917.85	22223.18	21597.55	22942.13	22997.15
	2012 年	2013 年	2014 年	2015 年	2016 年	2017 年
一季度	44793.72	48441.55	51763.61	54243.15	49967.14	43396.72
二季度	27868.33	26305.6	25818.47	25780.3	25505.61	
三季度	30929.9	31848.99	32599.38	32239.76	29256.59	
四季度	20953.35	20626.2	22373.14	21539.94	26354.71	

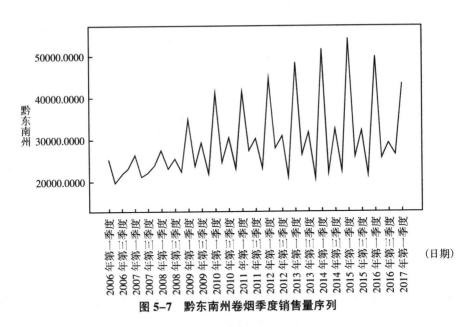

图 5-7 黔东南州卷烟季度销售量序列

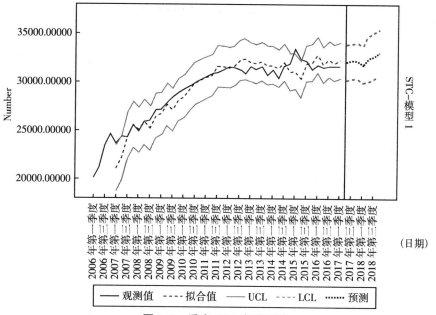

图 5-8 季度 STC 序列预测

表 5-33 季度数据预测结果

	T×C	季节因素	预测结果
2017 年第二季度	32053.67433	0.84002	26925.73
2017 年第三季度	32193.77068	0.986	31743.06
2017 年第四季度	32215.70531	0.76642	24690.76
2018 年第一季度	31804.11276	1.40755	44765.88
2018 年第二季度	32476.16124	0.84002	27280.62
2018 年第三季度	32667.62404	0.986	32210.28
2018 年第四季度	33056.53704	0.76642	25335.19

根据上述以季度为周期的季节性分解预测结果，得到黔东南州 2017 年卷烟销售量为 126756 箱，2018 年卷烟销售量为 129592 箱。

（四）黔东南州卷烟销量预测综合分析

根据前面四种预测方法，得到各方法预测结果，具体如表 5-34 所示。

表 5-34　四种预测方法卷烟销售量预测结果（箱）

年度	指数平滑	增长型曲线外推	季节性分解（月）	季节性分解（季）
2017	130252	127429	128828	126756
2018	127684	120977	132967	129592

　　理论和实践研究都表明，由于各预测模型的差异及其优缺点，组合预测模型导致一个比任何一个独立预测值更好的预测值，组合预测模型能减少预测的系统误差，显著改进预测效果。因此，赋予不同预测方法的预测值不同权数就显得尤为重要。

　　根据不同模型的平均相对误差率，采用归一化处理，对误差率高的赋予低的权数，误差率低的赋予高的权数，结果如表 5-35 所示。

表 5-35　四种预测方法权重

	指数平滑	增长型曲线外推	季节性分解（月）	季节性分解（季）
平均相对误差率（%）	13	3	6	2
权重	0.08	0.25	0.13	0.54

　　根据表 5-34 和表 5-35，通过线性加权组合，得到 2017 年和 2018 年卷烟销售量分别为 127473 箱和 127724 箱。

（五）黔东南州卷烟价格预测

　　价格预测定量分析一般分为因果回归分析预测法与时间序列分析预测法。由于卷烟价格政府调节因素较多，因此，本书主要采用时间序列分析预测法。通过观察卷烟价格（见图 5-9），依时间变化呈现某种上升或下降的趋向，但无明显的季节波动，因此以时间为自变量、时间序列价格数值为因变量，建立趋势模型开展价格预测。

　　针对根据曲线外推预测，运用 SPSS 进行曲线估计，选用 R^2 最大，且 Sig.<0.01 的模型，如表 5-36 所示。从而可以看出，三次曲线估计的 R^2 最大，其值为 0.9957。

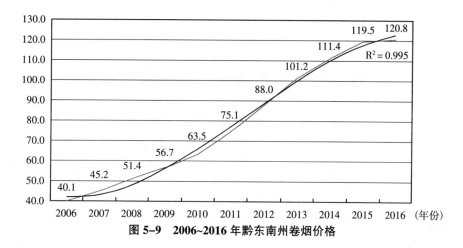

图 5-9 2006~2016 年黔东南州卷烟价格

表 5-36 模型汇总和参数估计值

方程	模型汇总					参数估计值			
	R^2	F	df1	df2	Sig.	常数	b1	b2	b3
线性	0.979	415.900	1	9	0.000	25.092	9.046		
对数	0.829	43.614	1	9	0.000	20.410	37.053		
倒数	0.536	10.391	1	9	0.010	101.936	−82.215		
二次	0.983	228.588	2	8	0.000	30.464	6.566	0.207	
三次	0.996	536.602	3	7	0.000	45.577	−5.917	2.698	−0.138
复合	0.984	570.735	1	9	0.000	35.953	1.128		
幂	0.908	89.267	1	9	0.000	32.645	0.514		
S	0.646	16.412	1	9	0.003	4.631	−1.196		
增长	0.984	570.735	1	9	0.000	3.582	0.120		
指数	0.984	570.735	1	9	0.000	35.953	0.120		

根据上述分析，价格预测选用三次曲线估计模型：

$$y = -0.138 \times t^3 + 2.698 \times t^2 - 5.917 \times t + 45.577$$

当 x = 12 时，即 2017 年黔东南州卷烟平均销售价格为 123.9 元/条，在 95% 的置信度下置信区间为 [112 元/条，135 元/条]；当 x = 13 时，即 2018 年黔东南州卷烟平均销售价格为 120.5 元/条，在 95% 的置信度下置信区间为 [102 元/条，139 元/条]。

227

三、黔东南州卷烟市场容量分析

市场容量是指在不考虑产品价格或供应商的策略的前提下市场在一定时期内能够吸纳某种产品或劳务的单位数目。市场容量是由使用价值需求总量和可支配货币总量两大因素构成的。仅有使用价值需求没有可支配货币的消费群体，是贫困的消费群体；仅有可支配货币没有使用价值需求的消费群体是持币待购群体或十分富裕的群体。我们把这两种现象均称为因消费要件不足而不能实现的市场容量。因此，本书将卷烟市场容量分为两部分，即有效需求和潜在需求。有效需求是指消费者现阶段能用货币支付的需求。潜在需求是指现时无法实现，但随着收入水平的提高或商品价格的降低等因素的变化，在今后可以实现的有效需求。

总体来看，卷烟市场容量由当地人口数量、吸烟率和日均吸烟量三因素决定，而其他经济因素、文化因素、环境因素对卷烟市场的影响都直接或间接作用于当地人口数量、吸烟率和日均吸烟量。因此，本书估算黔东南州卷烟市场容量采用公式：

市场容量＝当地人口数量×吸烟率×日人均吸烟量×365

（一）吸烟率

根据调查问卷数据，在排除无效数据后，被调查者家庭只有1人吸烟有902户，2人吸烟543户，3人吸烟52户，4人吸烟有8户，5人吸烟有5户。被调查者家庭总人数为2人有57户口，3人有312户，4人有538户，5人有368户，6人有195户，如表5-37所示。根据调查数据所有家庭中共有2201人吸烟，所有家庭总人数为6212人，得到黔东南州吸烟率为：2201/6212=35.43%。

表5-37 黔东南州家庭吸烟人数统计

吸烟人数（人）	1	2	3	4	5	6
家庭吸烟人口户数（户）	902	543	52	8	5	
家庭总人口户数（户）		57	312	538	368	195

表 5-38 黔东南州各地区吸烟率

地区	总人数（人）	吸烟人数（人）	吸烟率（%）
凯里	859	337	39.23
黄平	495	161	32.53
施秉	242	80	33.06
三穗	319	108	33.86
镇远	362	118	32.60
岑巩	276	96	34.78
天柱	500	185	37.00
锦屏	349	108	30.95
台江	211	55	26.07
黎平	748	252	33.69
榕江	514	172	33.46
从江	572	170	29.72
雷山	222	75	33.78
麻江	297	110	37.04
丹寨	193	75	38.86
剑河	333	99	29.73
总计	6212	2201	35.43

（二）吸烟量

根据消费者问卷调查，得到消费者在吸烟数量的分布情况，如图 5-10 所示。取各组每天吸烟量的中位数与其对应的百分比相乘，可得出黔东南州当前平均每天吸烟量为 16.02 支。

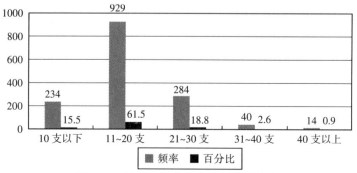

图 5-10 黔东南州消费者吸烟数量分布

表 5-39　各地区平均吸烟量

中位数	10 支以下	11~20 支	21~30 支	31~40 支	41 支以上	平均吸烟量 （支/天）
	5	15	25	35	45	
黔东南州（%）	15.50	61.50	18.80	2.60	0.90	16.02
凯里（%）	20	58	17	2	3	16.00
黄平（%）	11	71	12	6	1	16.75
施秉（%）	8	67	15	8	2	17.90
三穗（%）	10	47	34	7	1	18.95
镇远（%）	14	77	9	1	0	14.85
岑巩（%）	19	55	26	0	0	15.70
天柱（%）	11	57	30	1	0	16.95
锦屏（%）	9	72	16	4	0	16.65
台江（%）	13	63	17	4	2	16.65
黎平（%）	20	68	9	1	1	14.25
榕江（%）	21	61	16	2	0	14.90
从江（%）	11	67	18	3	1	16.60
雷山（%）	8	67	20	4	2	17.75
麻江（%）	14	61	23	1	0	15.95
丹寨（%）	4	64	26	6	0	18.40
剑河（%）	36	47	17	0	0	13.10

（三）人口数

卷烟的市场容量基数由当地人口数量决定，而人口数量在不断变化。根据黔东南州人口数变化情况，2006~2011 年人口逐步下降，2012~2016 年人口开始缓慢上升，其变化特征与二阶多项式函数类似，因此采用二阶非线性回归模型，得到黔东南州人口数量随时间变化函数：$y = 1.7429x^2 - 31.471x + 486.74$，其 $R^2 = 0.9435$，该值接近于 1，表明拟合的效果非常好。当 $x = 13$ 时，即 2017 年时，得到人口数为 360.0656 万人；当 $x = 13$ 时，即 2018 年时，得到人口数为 372.1671 万人。

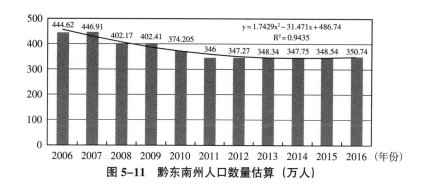

图 5–11 黔东南州人口数量估算（万人）

（四）市场容量估算

只考虑本地常住人口为基数的卷烟市场容量时，卷烟市场容量计算公式为：

卷烟年度总需求量（箱）＝当地常住人口数量（人）×吸烟率×人均吸烟量/天×365 天÷200 支/条÷250 条/箱

黔东南州吸烟率为 35.43%，人均吸烟量为 16.06 支/天。若 2017 年、2018 年按照 2016 年人口数不变的情况下，得到卷烟市场容量为 145325 箱。若根据预测人口数量，2017 年市场容量为 149189 箱，2018 年市场容量为 154204 箱。如表 5–40 所示。

表 5–40 黔东南州市场容量估算

估算基数	人口数（万人）	市场容量（箱）
实际人口 2016 年	350.74	145325
预测人口 2017 年	360.07	149189
预测人口 2018 年	372.17	154204

由于 2016 年各地区人口数量无法获取，依据 2015 年黔东南州统计公报人口数据，得到各地区市场容量，具体如表 5–41 所示。

表 5–41 黔东南州各地区市场容量估算

地区	人口数（万人）	吸烟率（%）	吸烟量（支/天）	市场容量（箱）
岑巩	16.06	34.78	15.7	6402
从江	29.06	29.72	16.6	10466
丹寨	12.25	38.86	18.4	6394

地区	人口数（万人）	吸烟率（%）	吸烟量（支/天）	市场容量（箱）
黄平	26.28	32.53	16.75	10453
剑河	18.08	29.73	13.1	5140
锦屏	15.37	30.95	16.65	5782
凯里	53.81	39.23	16	24656
雷山	11.7	33.78	17.75	5121
黎平	38.91	33.69	14.25	13636
麻江	12.22	37.04	15.95	5270
榕江	28.63	33.46	14.9	10420
三穗	15.52	33.86	18.95	7270
施秉	13.08	33.06	17.9	5650
台江	11.11	26.07	16.65	3520
天柱	26.07	37.00	16.95	11935
镇远	20.39	32.60	14.85	7206
合计	348.54	35.43	16.02	139321

四、黔东南州卷烟市场需求预测与容量研究总结

（一）卷烟销售经济影响因素总结

预测卷烟销售量指标的重要性分别为：接待游客数的重要性程度为 0.45，全社会消费品零售总额的重要性程度为 0.36，固定资产投资总额的重要性程度为 0.05，城镇居民可支配收入的重要性程度为 0.03，人口数量的重要性响度 0.01，其他的经济指标重要性程度均为 0.02。在考察多重共线性问题后，预测卷烟平均价格的回归模型为：卷烟销售量（箱）= 98257.674 + 7.020 × 接待游客数（万人次）

预测卷烟销售价格指标的重要性分别是：接待游客数的重要性程度为 0.59，第二产业生产总值的重要性程度为 0.31，全社会零售品消费总额的重要性程度为

0.01，其他的经济指标未进入预测模型。在考察多重共线性问题后，预测卷烟平均价格的回归模型为：卷烟平均价格（条/元）= 34.299 + 0.014 × 接待游客数（万人次）。

（二）卷烟市场预测分析总结

运用三次指数平滑预测模型得到黔东南 2017 年卷烟销售量为 130252 箱，2018 年卷烟销售量为 127684 箱。采用三次抛物线增长型曲线预测得到 2017 年销售量预测值为 127429 箱，在 95% 的置信度下置信区间为［114906 箱，139953 箱］；2018 年销售量预测值为 120977 箱，在 95% 的置信度下置信区间为［100526 箱，141428 箱］。以月份为周期的季节性分解预测结果，得到黔东南州 2017 年卷烟销售量为 128828 箱，2018 年卷烟销售量为 132967 箱。以季度为周期的季节性分解预测结果，得到黔东南州 2017 年卷烟销售量为 126756 箱，2018 年卷烟销售量为 129592 箱。综合上述四个模型结果，通过线性加权组合，得到 2017 年和 2018 年卷烟销售量分别为 127473 箱和 127724 箱。

根据曲线外推预测模型，2017 年黔东南州卷烟平均销售价格为 123.9 元/条，在 95% 的置信度下置信区间为［112 元/条，135 元/条］；2018 年黔东南州卷烟平均销售价格为 120.5 元/条，在 95% 的置信度下置信区间为［102 元/条，139 元/条］。

（三）市场容量估计

根据消费者调查问卷，黔东南州吸烟率为 35.43%，人均吸烟量为 16.02 支/天。若 2017 年、2018 年按照 2016 年人口数不变的情况下，得到卷烟市场容量为 145325 箱。若根据预测人口数量，2017 年市场容量为 149189 箱，2018 年市场容量为 154204 箱。

第六章　黔东南州卷烟市场经济指数分析

一、黔东南州卷烟市场经济指数模型

构建黔东南州卷烟市场经济指数的主要目的是通过该指数全面、系统、综合地反映黔东南州卷烟市场的经济环境。通过黔东南州卷烟市场影响因素分析可以看出，卷烟销售量及卷烟价格与多个经济指标相关，且这些指标之间也存在很强的相关性。由于每个经济指标都在不同程度上反映了卷烟市场的某些信息，并且指标之间彼此有一定的相关信，因而所得的统计数据反映的信息在一定程度上有重叠，从而增加了数据分析的复杂性。为了更能充分有效地利用经济数据，我们通过较少的互不相关的指标计算黔东南州卷烟市场经济指数，且这些较少的指标尽可能多地反映原始变量的信息。因子分析是解决这一问题而提出的统计分析方法。

因子分析的基本目的是用少数几个因子去描述多个变量之间的关系，被描述的变量一般是能实际观测到的随机变量，而那些因子是不可观测的潜在变量，其基本思想是根据相关性的大小反变量分组，使同组内的变量相关性较高，而不同组内的变量相关性较低。每组变量代表一个基本结构，这些基本结构成为一个公共因子。

根据黔东南州卷烟市场影响因素分析可知，人口（万人）、GDP（亿元）、第一产业生产总值（亿元）、第二产业生产总值（亿元）、第三产业生产总值（亿元）、接待游客数（万人）、固定资产投资总额（亿元）、城镇居民可支配收入

（元）、农村居民可支配收入（元）、全社会消费品零售总额（亿元）指标与卷烟销售量具有很强的相关性，且这些指标之间也具有很强的相关性。因此，适合通过因子分析将这些相关指标转化为不相关的少数几个指标。

设有 N 个样本，P 个指标，$X = (x_1, x_2, \cdots, x_P)^T$ 为随机变量，要寻找的公因子为 $F = (f_1, f_2, \cdots, f_k)^T$，其中 $k < p$，则因子分析数学模型为：

$$\left|\begin{array}{l} x_1 = a_{11}f_1 + a_{12}f_2 + a_{13}f_3 + \cdots + a_{1k}f_k + \varepsilon_1 \\ x_2 = a_{21}f_1 + a_{22}f_2 + a_{23}f_3 + \cdots + a_{2k}f_k + \varepsilon_3 \\ x_3 = a_{31}f_1 + a_{32}f_2 + a_{33}f_3 + \cdots + a_{3k}f_k + \varepsilon_3 \\ \cdots \\ x_p = a_{p1}f_1 + a_{p2}f_2 + a_{p3}f_3 + \cdots + a_{pk}f_k + \varepsilon_p \end{array}\right.$$

也可以用矩阵的形式表示为：$X = AF + \varepsilon$，式中，F 为因子变量，A 为因子载荷阵。ε 为特殊因子，代表公因子以外的影响因素，实际分析时忽略不计。

本书拟基于因子分析模型，建立不同年度的卷烟市场经济环境的综合评价函数，并依据此函数计算黔东南州卷烟市场经济指数。

二、数据标准化

为消除变量之间在数量级上或者量纲上的不同，需要把原始数据标准化处理。设 x_{ij} 表示第 i 年第 j 个经济指标的指标值，则 x_{ij} 的标准化值 $x'_{ij} = (x_{ij} - \bar{x}_j)/\sigma_j$，其中，$\bar{x}_j$ 和 σ_j 分别是第 j 个经济指标的平均值和标准差，$i \leqslant N$，$j \leqslant P$。

根据上述原始数据的标准化处理方法，根据原始数据（见表 6-1），得到标准化处理结果，具体如表 6-2 所示。

表 6-1 2006~2016 年黔东南州卷烟市场原始经济指标数据

经济指数 年份	2006	2007	2008	2009	2010	2011	2012	2013	2014	2015	2016
黔东南州人口（万人）	444.62	446.91	402.17	402.41	374.205	346	347.27	348.34	347.75	348.54	350.74
黔东南州 GDP（亿元）	165.66	195.67	228	250.79	312.57	384	478	586	702	812	939
第一产业（亿元）	51.21	58.82	63.67	65.2	76.74	81	97	112	125	163	184
第二产业（亿元）	46.15	58.62	71.53	83.64	94.11	124	153	180	214	232	261
第三产业（亿元）	68.31	78.23	92.8	101.95	141.72	179	228	294	363	416	494
接待游客数（万人）	634.64	883.6	1388.37	1400.71	1512.83	2374.86	2409.9	3058.56	3744.58	4550.11	6704.11
固定资产投资总额（亿元）	92.9	106.08	150.23	210.06	271.8	471.14	780.65	1027	1302.57	1501.26	1745.04
城镇居民可支配收入（元）	6030	9932	11616	12465	14059	16410	18831	20790	20990	23173	25282
农村居民可支配收入（元）	1468	2102	2452	2717	3164	3949	4625	5345	6139	6863	7584
全社会消费品零售总额（亿元）	56.4	67.08	85.17	103.22	120.89	144.83	168.87	193.85	218.28	255.76	290.16

表 6-2 2006~2016 年黔东南州卷烟市场标准化经济指标数据

经济指标 \ 年份	2006	2007	2008	2009	2010	2011	2012	2013	2014	2015	2016
黔东南州人口（万人）	1.758	1.819	0.636	0.643	-0.103	-0.848	-0.814	-0.786	-0.802	-0.781	-0.723
黔东南州 GDP（亿元）	-1.156	-1.038	-0.911	-0.821	-0.578	-0.298	0.073	0.498	0.955	1.387	1.889
第一产业（亿元）	-1.115	-0.934	-0.818	-0.781	-0.506	-0.409	-0.024	0.334	0.634	1.562	2.056
第二产业（亿元）	-1.287	-1.112	-0.931	-0.762	-0.615	-0.201	0.211	0.586	1.065	1.320	1.725
第三产业（亿元）	-1.096	-1.025	-0.922	-0.858	-0.576	-0.312	0.031	0.498	0.988	1.361	1.912
接待游客数（万人）	-1.135	-0.992	-0.701	-0.694	-0.630	-0.133	-0.113	0.261	0.656	1.120	2.361
固定资产投资总额（亿元）	-1.039	-1.016	-0.940	-0.837	-0.731	-0.388	0.145	0.570	1.044	1.386	1.806
城镇居民可支配收入（元）	-1.789	-1.111	-0.818	-0.671	-0.394	0.015	0.435	0.776	0.811	1.190	1.557
农村居民可支配收入（元）	-1.407	-1.083	-0.904	-0.768	-0.540	-0.138	0.208	0.576	0.982	1.352	1.721
全社会消费品零售总额（亿元）	-1.330	-1.186	-0.942	-0.698	-0.460	-0.137	0.188	0.525	0.855	1.360	1.825

三、因子分析

利用 SPSS 软件通过选定的测量项进行因子分析之前，首先通过分析、降维、因子分析进行 KMO 值和巴特利（Bartlett）球度检验，根据标准化数据，运用 SPSS 中因子分析模型，得到结果如表 6-3 所示，KMO 值为 0.686，大于最低标准 0.5，表明数据可以接受适合做因子分析。巴特利（Bartlett）球度检验的概率 Sig.=0.000<0.01 也具有很强的统计学意义，表明变量之间存在较强的相关性适合做因子分析，以此提取公因子。

表 6-3　KMO 和 Bartlett 球度检验

取样足够度的 Kaiser-Meyer-Olkin 度量		0.686
Bartlett 球度检验	近似卡方	362.758
	df	45
	Sig.	0.000

根据公因子方差显示结果看，提取值都大于 0.96，即每一个指标变量均具有很高的共性方差。也就是说，因子指标可以很好地反映对应的指标，说明所提取的公因子能非常好地反映原始各项指标变量的绝大部分信息。

表 6-4　公因子方差

	初始	提取
黔东南州人口（万人）	1.000	0.996
黔东南州 GDP（亿元）	1.000	0.999
第一产业生产总值（亿元）	1.000	0.989
第二产业生产总值（亿元）	1.000	0.995
第三产业生产总值（亿元）	1.000	0.997
接待游客数（万人）	1.000	0.966
固定资产投资总额（亿元）	1.000	0.989
城镇居民可支配收入（元）	1.000	0.985
农村居民可支配收入（元）	1.000	0.998
全社会消费品零售总额（亿元）	1.000	0.998

本研究在因子分析中采用主成分分析方法，利用变异法对因子进行旋转，成功提取了 2 个因子进行分析，如表 6-5 所示。在因子分析时，一般用因子构念解释全体变量的累计变异量。提取后，前 2 个主成分的特征值大于 1，它们的累计贡献率为 99.118%，即约 99% 的总方差可以由 2 个潜在因子解释。因而，选取前 2 个公共因子。

表 6-5　解释的总方差

成分	初始特征值			提取平方和载入			旋转平方和载入		
	合计	方差的%	累积（%）	合计	方差的%	累积（%）	合计	方差的%	累积（%）
1	9.468	94.683	94.683	9.468	94.683	94.683	6.857	68.570	68.570
2	0.444	4.435	99.118	0.444	4.435	99.118	3.055	30.548	99.118
3	0.050	0.500	99.618						
4	0.022	0.216	99.834						
5	0.013	0.129	99.963						
6	0.002	0.015	99.978						
7	0.001	0.014	99.992						
8	0.001	0.007	100.000						
9	4.453E-5	0.000	100.000						
10	2.424E-10	2.424E-9	100.000						

为了进一步明晰，前 2 个主成分的解释总方差状况，我们做出其碎石图。从碎石图可以看出，前 2 个主成分特征值远远大于 1，且折线坡度较陡，而后面的趋于平缓，进一步说明了取前 2 个主成分为宜，如图 6-1 所示。

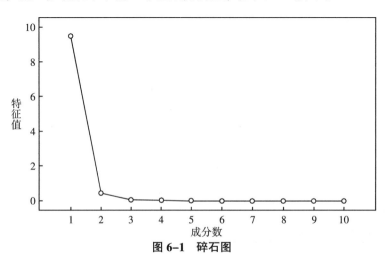

图 6-1　碎石图

旋转矩阵中萃取因子数值越高的指标，信度也越高，同时考虑其效度，黔东南州人口万人在第一个因素的负荷量为-0.382，第二个因素负荷量为-0.992，该指标在第二因素的载荷量明显高于第一因素载荷量。因而，该指标采用因子2命名，命名为人口变化因子。此外，除"黔东南州人口"外，其他指标在因子1中均有较大载荷。因此，其他指标采用因子1命名，命名为经济发展因子。旋转成分矩阵和旋转空间成分图如表6-6和图6-2所示。

表6-6 旋转成分矩阵 [a]

	成分	
	1	2
黔东南州人口（万人）	−0.382	−0.922
黔东南州GDP（亿元）	0.888	0.459
第一产业生产总值（亿元）	0.919	0.380
第二产业生产总值（亿元）	0.845	0.530
第三产业生产总值（亿元）	0.895	0.443
接待游客数（万人）	0.907	0.380
固定资产投资总额（亿元）	0.891	0.441
城镇居民可支配收入（元）	0.738	0.664
农村居民可支配收入（元）	0.834	0.550
全社会消费品零售总额（亿元）	0.841	0.540

注：提取方法：主成分。旋转法：具有 Kaiser 标准化的正交旋转法。
a 旋转在 3 次迭代后收敛。

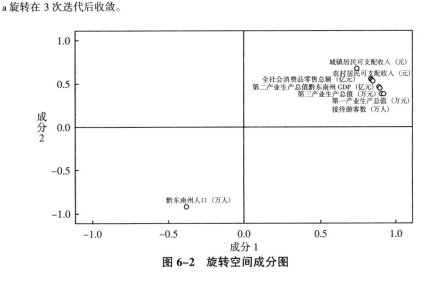

图6-2 旋转空间成分图

四、指数计算

根据旋转成分矩阵和原始数据的标准化值可以计算每年的各因子得分，并根据每个主成分的方差贡献率作为权数，构造综合评价函数计算卷烟市场经济指数。

旋转后的因子表达式为：

经济发展因子 = −0.382×黔东南州人口 + 0.888×黔东南 GDP + 0.919×第一产业生产总值 + 0.845×第二产业生产总值 + 0.895×第三产业生产总值 + 0.907×接待游客数 + 0.891×固定资产投资总额 + 0.738×城镇居民可支配收入 + 0.834×农村居民可支配收入 + 0.841×全社会消费品零售总额

人口变化因子 = −0.922×黔东南州人口 + 0.459×黔东南 GDP + 0.380×第一产业生产总值 + 0.530×第二产业生产总值 + 0.443×第三产业生产总值 + 0.380×接待游客数 + 0.441×固定资产投资总额 + 0.664×城镇居民可支配收入 + 0.550×农村居民可支配收入 + 0.540×全社会消费品零售总额

卷烟市场经济综合评价函数为：

$$F = 经济发展因子 \times \frac{94.683}{94.683 + 4.435} + 人口变化因子 \times \frac{4.435}{94.683 + 4.435}$$

将表 6-2 标准化后的数据代入上式，得到各年度卷烟市场经济综合评分如表 6-7 所示。

表 6-7　2006~2016 年卷烟市场经济综合评分

年度	2006	2007	2008	2009	2010	2011	2012	2013	2014	2015	2016
经济指数	−10.358	−8.856	−7.039	−6.202	−4.324	−1.451	1.239	4.229	7.182	10.699	14.880
人口变化	−7.312	−6.350	−4.448	−3.928	−2.312	−0.116	1.427	3.077	4.670	6.558	8.735
综合得分	−16.876	−14.524	−10.971	−9.675	−6.338	−1.497	2.546	6.978	11.320	16.482	22.554

由表 6-7 可以看出，2016 年综合得分最高，其原因在于经济发展因子中接待游客数和第一产业生产总值的权重相对较大，而 2016 年接待游客数和第一产业生产总值的指标值及其增幅相对其他年度也较大，从而使 2016 年综合得分最高。为使指数更直观，以-20 为原点，对 2006~2016 年综合得分用进行转化，得到指数如表 6-8 所示。

表 6-8　2006~2016 年卷烟市场经济指数

年度	2006	2007	2008	2009	2010	2011	2012	2013	2014	2015	2016
卷烟市场经济指数	3.1	5.5	9.0	10.3	13.7	18.5	22.5	27.0	31.3	36.5	42.6

将卷烟市场经济指数与卷烟平均销售价格、销售额、销售量进行相关性分析，如表 6-9 所示，从结果可以看出，该市场经济指数与卷烟销售价格、销售额及销售量在 Sig.=0.01 水平具有非常显著的相关性。这进一步说明了该综合指数能有效地反映黔东南州卷烟市场环境。

表 6-9　卷烟市场经济指数与销售指标相关分析

		平均销售价格（元/条）	销售额（万元）	销售量（箱）
市场经济指数	Pearson 相关性	0.984**	0.982**	0.906**
	Sig.（双侧）	0.000	0.000	0.000

注：** 表示在 0.01 水平（双侧）上显著相关。

附件　卷烟消费者调查问卷

地区	1. 凯里	2. 黄平	3. 施秉	4. 三穗	5. 镇远	6. 岑巩	7. 天柱	8. 锦屏
	9. 台江	10. 黎平	11. 榕江	12. 从江	13. 雷山	14. 麻江	15. 丹寨	16. 剑河
商圈	1. 商业区	2. 住宅区	3. 文教区	4. 办公区	5. 工业区	6. 旅游区	7. 混合区	
类型	1. 城镇		2. 乡村					

尊敬的女士/先生：

　　您好！为了能为消费者提供更高品质的卷烟和更优质的服务，我们诚邀您参加卷烟消费者调查并提出宝贵意见。您的意见对我们非常重要，我们郑重承诺，您提供的所有信息我们将绝对保密，仅供本次调查使用。敬请您按照自己的真实看法在相应选项处打"√"。谢谢您的合作！

黔东南州烟草专卖局（营销部）

一、您的年龄

1. 25 岁及以下	2. 26~35 岁	3. 36~45 岁	4. 46~55 岁	5. 56~65 岁	6. 65 岁以上

二、您的性别

1. 男	2. 女				

三、您的居住地

1. 城镇	2. 农村				

四、您的学历

1. 小学及以下	2. 初中	3. 高中/中专	4. 大专	5. 本科	6. 研究生

五、您的职业

1. 公务员	2. 工人	3. 农民	4. 商人	5. 学生	6. 教师
7. 自由职业	8. 军人	9. 待业	10. 退休	11. 其他	

续表

六、您的月均收入

| 1. 1000 元以下 | 2. 1001~2000 元 | 3. 2001~3000 元 | 4. 3001~5000 元 | 5. 5001 元以上 | |

七、您平时用于卷烟的月支出

| 1. 501 元以上 | 2. 301~500 元 | 3. 201~300 元 | 4. 101~200 元 | 5. 100 元以下 |

八、您吸烟的目的

| 1. 调节情绪缓解压力 | 2. 方便社交 | 3. 无意识习惯 | 4. 享受 | 5. 表达个性 | 6. 其他 |

九、您经常购买卷烟的价位

| 1. 3 元以下 | 2. 3~6 元（含 3 元） | 3. 6~9 元（含 6 元） | 4. 9~15 元（含 9 元） |
| 5. 15~30 元（含 15 元） | 6. 30~60 元（含 30 元） | 7. 60~80 元（含 60 元） | 8. 80 元以上（含 80 元） |

十、您经常购买卷烟的品牌（多选，限选三项）

1. D 品牌	2. A 品牌	3. B 品牌	4. C 品牌	5. 芙蓉王	6. 白沙
7. 玉溪	8. 黄鹤楼	9. 利群	10. 中华	11. 娇子	12. 红双喜
13. 黄山	14. 南京	15. 红河	16. 哈德门	17. 苏烟	18. 其他

十一、您购买卷烟最主要的考虑因素（多选，限选三项）

| 1. 价格 | 2. 品牌 | 3. 质量 | 4. 焦油含量 | 5. 口味 | 6. 包装 | 7. 假烟少 | 8. 购买便利 | 9. 其他 |

十二、您对更换卷烟品牌的看法

| 1. 在一段时间内有固定牌子，但过上一阵就会换 | 2. 不看牌子，只要价格合适 |
| 3. 喜欢尝试新品烟 | 4. 只要包装吸引人，就会尝试新品烟 |

十三、您更换其他卷烟品牌的最主要考虑因素（多选，限选三项）

| 1. 口碑好 | 2. 个人收入 | 3. 假烟少 | 4. 不常断货 | 5. 焦油含量低 | 6. 购买方便 |
| 7. 应酬与交际 | 8. 烟的香气 | 9. 包装有档次 | 10. 习惯当地烟 | 11. 其他 |

十四、影响您购买新品卷烟的因素（多选，限选三项）

| 1. 朋友推荐 | 2. 店主推荐 | 3. 包装吸引 | 4. 店面宣传 | 5. 促销活动 | 6. 陈列吸引 | 7. 其他 |

十五、您平均每天吸烟数量

| 1. 10 支以下 | 2. 11~20 支 | 3. 21~30 支 | 4. 31~40 支 | 5. 41 支以上 |

十六、最适合您的焦油量

| 1. 12mg 以上 | 2. 10~11mg | 3. 6~9mg | 4. 5mg | 5. 3mg | 6. 1mg | 7. 不知道/没注意 |

十七、您的烟龄

| 1. 2 年以下 | 2. 2~5 年 | 3. 6~10 年 | 4. 11~15 年 | 5. 16~20 年 | 6. 20 年以上 |

十八、您对细支烟态度

| 1. 偶尔抽细支烟 | 2. 经常抽细支烟 | 3. 最近只抽细支烟 |

| 4. 目前没抽过细支烟，以后可能会抽 | | 5. 目前没抽过细支烟，以后也不打算抽 | |

十九、您购买卷烟的场所

| 1. 食杂店 | 2. 便利店 | 3. 烟酒专卖店 | 4. 超市 | 5. 商场 | 6. 娱乐场所 |

二十、您看到控烟宣传，如"室内公共场所禁止吸烟"等规定时，您会

| 1. 戒烟 | 2. 减少数量 | 3. 无影响 | 4. 放弃赠送他人卷烟 | |

二十一、您购买卷烟的频率

| 1. 每天至少一次 | 2. 2~3 天一次 | 3. 4~6 天一次 | 4. 每周一次 | 5. 半月一次 | 6. 每月一次 |

二十二、您在过去一年内，通常每次购买卷烟

| 1. 1 包 | 2. 2~5 包 | 3. 6~9 包 | 4. 1 条 | 5. 2~3 条 | 6. 4 条及以上 |

二十三、您平时买烟的习惯

| 1. 总是 1 个牌子的一种烟 | 2. 只买 1 个牌子，包括该牌子下不同价格的烟 | 3. 相对固定在 2~3 个牌子的烟上 |
| 4. 一段时间内固定买一种烟，但过一阵就会换 | | 5. 不看牌子，只要价格合适的烟就买 |

二十四、您最常吸烟场所

| 1. 办公场所楼道 | 2. 办公室 | 3. 娱乐休闲场所 | 4. 家里客厅 | 5. 家里阳台、洗手间 |

二十五、您的戒烟意向

| 1. 肯定不会主动戒烟 | 2. 会主动考虑戒烟 | 3. 不一定 |

二十六、您对未来家庭收入预期

| 1. 会明显提高 | 2. 会稍有提高 | 3. 维持现在水平 | 4. 会有所下降 | |

二十七、您当前的生活压力状况

| 1. 压力很大 | 2. 压力比较大 | 3. 一般 | 4. 没有压力 | |

二十八、您家庭现有人数

| 1. 2 人及以下 | 2. 3 人 | 3. 4 人 | 4. 5 人 | 5. 6 人 | 6. 7 人及以上 |

二十九、您家庭吸烟人数

| 1. 1 人 | 2. 2 人 | 3. 3 人 | 4. 4 人 | 5. 5 人 | 6. 6 人及以上 |

三十、目前社会上有很多便捷的交流和通讯方式，您平时都使用的通讯方式（多选，限选三项）

| 1. 智能手机 | 2. 网络电子邮件 | 3. QQ | 4. 微信 | 5. MSN | 6. 非智能手机 |
| 7. 飞信 | 8. 微博 | 9. 都没有 | | | |

调查员（签名）：

调查时间：2017 年　　月　　日